CLL

G000130597

Books should be returned or renewed by the
last date stamped above

274.278

KENT
ARTS &
LIBRARIES

CANTERBURY AND YORK SOCIETY

THE REGISTER OF JOHN KIRBY

C150813264

The Canterbury and York Society

GENERAL EDITOR: A. K. McHARDY

M.A., D.Phil.

ISSN 0262–995X

DIOCESE OF CARLISLE

CANTERBURY AND YORK SOCIETY VOL. LXXXI

The Register of

John Kirkby

BISHOP OF CARLISLE

1332–1352

AND THE REGISTER OF

John Ross

BISHOP OF CARLISLE, 1325–32

VOLUME II

EDITED BY

R. L. STOREY

PROFESSOR EMERITUS
UNIVERSITY OF NOTTINGHAM

The Canterbury and York Society

The Boydell Press

1995

C150813264   274.278.

© CANTERBURY AND YORK SOCIETY 1995

All Rights Reserved. Except as permitted under current legislation
no part of this work may be photocopied, stored in a retrieval system,
published, performed in public, adapted, broadcast,
transmitted, recorded or reproduced in any form or by any means,
without the prior permission of the copyright owner

First published 1995

A Canterbury and York Society publication
published by The Boydell Press
an imprint of Boydell & Brewer Ltd
PO Box 9, Woodbridge, Suffolk IP12 3DF, UK
and of Boydell & Brewer Inc.
PO Box 41026, Rochester, NY 14604–4126, USA

ISBN 0 907239 50 1

British Library Cataloguing-in-Publication Data
Register of John Kirkby, Bishop of Carlisle,
1332–52. – Vol. 2. – (Canterbury & York Society
Series, ISSN 0262–995x; Vol. 81)
   I. Storey, R. L.   II. Series
   262.0242789
   ISBN 0-907239-50-1

Details of previous volumes available from Boydell & Brewer Ltd

The paper used in this publication meets the minimum requirements
of American National Standard for Information Sciences –
Permanence of Paper for Printed Library Materials, ANSI Z39.48–1984

Printed in Great Britain by
St Edmundsbury Press Ltd, Bury St Edmunds, Suffolk

CONTENTS

ACKNOWLEDGMENT OF COPYRIGHT

The Right Reverend Ian Harland, Lord Bishop of Carlisle, has kindly consented to the following publication of texts from the first volume of the Carlisle Episcopal Registers preserved in the Cumbria Record Office, Carlisle Castle.

EPISCOPAL REVENUES

The final section of the first manuscript volume of Carlisle episcopal registers is a detailed list of the bishop's sources of regular income, spiritual and temporal, in the territory of the diocese. Its original text is apparently the work of a single scribe; this is written on sixteen squared parchment folios arranged in two gatherings of four openings, the folios of 27 × 21 cms. being slightly smaller than those of the preceding register of *acta*. That the two records have been bound together for some centuries is shown by the continuation of page numbers from the last surviving page (500) of Kirkby's register. That last page, however, is the dorse of a folio numbered 256 (see Vol.I, p.xiii), whereas the first folio of the revenues-booklet (pp. 501–2) is numbered 272; the lost folios 257–61 perhaps recorded *acta* of some of Kirkby's final years, 1347–52.

Another loss is suggested by the second folio of the revenues-booklet (pp.503–4) being numbered 277, whereafter the sequence of folio numbers is unbroken; but the second half of the opening pp.501–2 and 515–16 completes the rental for Hawksdale which begins on p.514. On pp.503 and 504 there are notes in a fifteenth(?) century hand that these folios were incorrectly ordered; this disorder was remedied before the volume was foliated. There are similar notes on pp.515 and 518, but these were ignored as demonstrably mistaken, as is shown by the totals for rents due from John son of Robert de Blamire and John del Gill; while totals for villages confirm that all folios are in correct order. The lists of revenues are incomplete, however, because the manors of Bewley and Shap, in Westmorland, are not included (see no.719). Revenues from churches in Northumberland (see nos.71, 587) and the manors of Melbourne (Derbs.) and Horncastle (Lincs.) were apparently outside the scope of the enquiry.

A number of notes were made by other hands to the original text of the rental (no.843); these are signalled by notes in the following calendar. It is noted against the majority of totals due from villages that they were checked at Michaelmas 'anno domini etc. xixx', but twice there is mention of 'isto anno M°CCC°xxviij' (pp.527, 530). Corrections showing new tenants, etc., are so few that it is improbable that the rental was any earlier than 1328. Many of the tenants appear in the lay subsidy of 1332[1] and some in Kirkby's register (*e.g.* no.160). This record thus dates from the episcopate of John Ross, whose concern for his resources is evident in his register (*e.g.* nos.27, 36, 58, 67, 70).

The spiritual receipts (no.842) are listed in two columns per page but shown below in paragraphs under their headings, omitting 'ecclesia de' which precedes every placename (except Aspatria). The calendar of the rental follows the pattern of the manuscript, as may be seen from the short example printed in the Appendix; save that the totals shown for every tenant in the right-hand margin are quoted (in brackets) only for those tenants charged with more than one rent. Placenames are given in their modern form when they are included

1

in *The Place-Names of Cumberland* where this source is cited as *Carliol* and dated '*c*.1345'.[2] The rental, however, names 26 places not traced in that publication. These are shown here in italics, as are services and tenancies which cannot readily be translated: the meanings of *de novo* and *de veteri* may seem obvious, but are not without ambiguity when most tenancies have neither description. Notes signalled in the text will be found after the totals for revenues in each village. 'Son of' is abbreviated to 's'.

[1 *Cumberland Lay Subsidy*, ed. J.P. Steel (Kendal, 1912), 62–4.
2 Ed. A.M. Armstrong, A. Mawer, F.M. Stenton and B. Dickins (E.P.N.S., repr. 1971), esp. I.130–9.]

842

[p.501] DENARII SINODALES DECANATUS KARLI' PRO UTROQUE TERMINO

St. Cuthbert's [Carlisle], 4s.; Bowness, 5s.; Aikton, 4s.; Cumwhinton, 2s.; Irthington, 4s.; Wetheral, 4s.; Warwick, 4s.; Farlam, 2s.; Burgh by Sands, 2s. 8d.; Stanwix, 4s.; Crosby on Eden, 2s.; Beaumont, 2s. 8d.; Dalston, 4s.; Carlatton, 2s.; Thursby, 6s.; Brampton, 4s.; Stapleton, 2s.; Easton, 2s.; Kirkcambeck, 2s.; Arthuret, 4s.; Kirklinton, 4s.; Bewcastle, 4s.; Castle Carrock, 2s.; Great Orton, 2s.; Kirkbampton, 4s.; Rockcliffe, 4s.; Cumrew, 2s.; Hayton, 4s.; Scaleby, 2s.; Kirkandrews, 2s.; Grinsdale, 2s.; Nether Denton, 2s.; Walton, 4s.; Sebergham, 2s. 8d.
Total: 107s.[1]

Allerdale deanery[2]

Aspatria, 4s.; Wigton, 4s.; Kirkbride, 12d.; Bromfield, 4s.; Bolton, 2s.; Ireby, 2s.; Uldale, 2s.; Crosthwaite, 4s.; Caldbeck, 4s.; Isel, 4s.; Bassenthwaite, 12d.; Torpenhow, 4s.; Plumbland, 2s.; Gilcrux, 2s.; Bridekirk, 4s.; Crosscanonby, 2s.; Dearham, 2s.; Camerton, 2s.
Total: 50s.

[p.502] *Cumberland deanery*

Greystoke, 5s.; Castle Sowerby, 4s.; Skelton, 4s.; Dacre, 4s.; Hutton in the Forest, 12d.; Penrith, 4s.; Edenhall, 6s.; Great Salkeld, 2s.; Lazonby, 2s.; Kirkland, 4s.; Ousby, 2s.; Melmerby, 2s.; Kirkoswald, 4s.; Ainstable, 2s.; Renwick, 2s.; Addingham, 4s.; Croglin, 2s.
Total: 54s.

Pensions

[Much of this entry is very feint. Five payments appear at the foot of the column, and at the head of the second column the churches of Barton, Salkeld and (Nether) Denton are named. The total is £14 8s. 8d.]

Westmorland deanery

Brough under Stainmore, [6s.?]; Kirkby Stephen, 4s.; Great Musgrave, 4s.; Warcop, 4s.; Ormside, 4s.; Dufton, 4s.; Long Marton, 4s.; Kirkby Thore, 4s.; Newbiggin, 12d.; Crosby Garrett, 4s.; Ravenstonedale, 4s.;

Orton, 4s.; Great Asby, 4s.; Crosby Ravensworth, 4s.; Morland, 4s.; Cliburn, 3s.; Brougham, 3s.; Clifton, 5s.; Shap, 3s.; Bampton, 4s.; Lowther, 4s.; Askham, 4s.; Barton, 4s.; St. Michael's, Appleby, 4s.; St. Lawrence's, Appleby, 4s.

Total: £4 7s.

Total of spiritualities from synodal dues (*senagio*) and pensions, £28 19s. [*sic*]. These are paid in halves at [two] feasts.[3]

[[1] Corrected from 103s. 4d. after addition of Sebergham and deletion of 8d. from Kirkbampton's 2s. 8d.

[2] With later addition of *sed medietas ejusdem* after *pro utroque termino*.

[3] MS. is feint. For these payments in 1291, 1318 and 1535, see *Taxatio Ecclesiastica* (as cited in no.638); *Valor Ecclesiasticus* (Record Commission, 1810–34), V.273, 278–96.]

843

[p.503] RENTALE DE MANERIO DE DALSTON MAGNA

Robert de la Launde holds a toft and a bovate of land of the 2 bovates which Gilbert del Bank used to hold in bondage. He pays 8s. p.a. at Easter and Michaelmas in equal portions.

Roger de Blamir': a toft and a bovate of the 2 bovates which Thomas s. Gilbert del Bank used to hold. He pays 8s. as above.

John s. Alan the smith: a toft and a bovate of the 2 bovates which Thomas de Neuby held. He pays 8s. as above.

Hugh s. Henry the reeve: a toft and a bovate of the 2 bovates which his father held, 8s.

Alan s. Alan the smith: a toft and a bovate of the 2 bovates which [Ab?]salon held, 8s.

Robert Steward: a toft and a bovate which Robert de Blamir' held as far as it pertains in Dalston and Mungo Croft beyond Caldew, 8s.

The same Robert: a toft and a bovate in bondage, 8s.

John Blak': a toft and a bovate in bondage once held by Roger the carter, 8s.

Thomas s. Robert del Fel': a toft and a bovate in bondage, 8s.

All the above will build their tofts competently. They will make a fourth part of the house and pond of the mill and a fourth part of carriage of millstones and timber; and multure there to the 13th measure (*vas*) and suit of court every 3 weeks.

Total, 72s, half at Easter, half at Michaelmas

CUSTOMARY PAYMENTS (*Gresmann'*)

John Souter holds a messuage, 3½ acres and ½ rood once held by William s. Stephen Dades, 5s.

Alice widow of William s. Emma: a messuage and an acre once held by Robert s. John, 12d.

William Lenechild the miller: a messuage and 1½ acres, 20d.

Thomas de Haythwait: 2 acres and 1½ roods, once of John Smowel, 2s. 4d.

John s. Ralph: a messuage and 2 acres, 8d. He does the work of a man in autumn or gives 1d. at the lord's will, and will find *witnesinam* and make his part of the millpond (total, 9d.).

The prior of Carlisle: a messuage and a bovate, 2s. 8d., and for victuals in the forest, 4½d.; he ploughs for one day with 2 men, and reaps for 1½ days, and carts one cartful of corn, redeemed for 1½d. [p.504], and beside this will find *witnesinam* and do mill-work (total, 3s. 2d.).

Henry Bayard: a messuage and 1½ acres, 19d.; 3 acres once held by William Bonifant, 3s.; for pasture in the forest, 4½d.; a messuage and yard, 1d.; 3 roods of demesne, 20d.; an acre and ½ rood which John s. Maud held, 20d. (total, 8s. 4½d.).

Thomas de Briddelington: a messuage with a yard, 3d.

Alan s. Alan the smith: a messuage and ½ acre, 9d.

Robert de Culgayth: a messuage and a smithy once Alan the smith's, 4d; a messuage and 3½ acres of demesne with Joan daughter of Henry Bayard, his wife, 7s; 2 tofts, 3d.; a messuage, an acre and 1½ roods, 2s. 9d.; 2 acres of demesne, 3s. (total, 13s. 4d.).

Alan s. Henry s. Walter: a messuage with a yard of 16 perches, 1d.; for pasture in the forest, 9d.; for a smithy, 2d. (total, 12d.).

Joan daughter of Robert de Blamir': a place, ½d.; 1½ acres once held by Joan daughter of Thomas the miller, 18½d. (total, 19d.).

William s. Alan the smith: a messuage and a rood, 3½d.; 2½ acres called *Goldflat*, 20d. (total, 23½d.).

Gilbert s. Adam the serjeant (of Roger *interlined*) of Rose: a messuage and 2 bovates, 2s. ¾d.; at Michaelmas for cornage, 9¼d.; for pasture in the forest, 9d.; he ploughs for 1 day, reaps for 3 days, and carts a cartload of corn or 2 carts of hay, or he will give 12d.; and he will find *witnesinam* and make the mill-pond as pertains to 2 bovates (total, 4s. 6d.).

Patrick of the pantry: a toft and 3 acres of the land once held by William the farrier, 18d.; for pasture in the forest, 4½d.; for works, 3d.; and he will make the mill-pond and find *witnesinam*; and for a place there, 1d. (total, 2s. 2½d.).

Hugh s. Henry the baker: a messuage and 3 acres, 2s. 6d.; 4 acres, 20d. (total, 4s. 2d.).

John s. Alan the smith: a messuage and 3 acres, 18d.; for pasture in the forest, 4½d.; for works, 3d.; for 2 perches *de novo*, 1d.; he will do mill-work for one man and find [p.505] *witnesinam*; a rood, 2½d.; ½ acre, 6d.; a messuage and 2 bovates once held by Roger Bradbak, (2s. 5¼d. *erased*); for pasture in the forest, 9d. at Midsummer (St. John the Baptist); for works, 12d. at Lammas (*gula Augusti*); for cornage, 8¼d. at Michaelmas; he will carry the lord's letters inside the county (total, 5s. 4¼d.).

William del Field: 1½ roods in *Castelbank'*, 4d.

Christine daughter of John Smowel: a croft and 2 acres, 2s. 7d.; she will do mill-works.

Robert del Blamir': a messuage and 2 bovates once held by John s. Walter and his fellows, 3s. 4d.

Robert Steward and William s. Alan the smith: land once Anabellus Spanald's, *viz.* 7 acres, 2s. ¼d.; also land once Adam Rotar's, 2 acres and 1 rood, 17¼d. (total, 3s. 5½d.).

Henry Ward: a messuage and 2 bovates, [*blank*]; for forest victuals, 18d.; for cornage, 16½d.; do works like the said Roger Bradbak', doubled, or pay 2s. at the lord's will, and do suit for lands every 3 [weeks]; (total, 4s. 10½d.).

John de Dalmane: a messuage and 2 bovates, [*blank*]; cornage, 8¼d.; forest pasture, 9d.; works like the said Roger or 12d. (total, 2s. 5¼d.).

William de Melburn: a messuage and 8 bovates once held by David the cook, freely with suit of 3 courts only.

John de Troghquer: land once held by Adam Kant, *viz.* 6 acres, 3 roods and 16 perches, 6s. 1½d.; 1½ roods, 4½d.; for increment of 12 perches, 1d.; a rood, 2d.; ½ acre and 16 perches, 14d., which William de Melburn once held (total, 7s. 11d.).

Robert del Gill: an acre and a rood of Roger Bradbak's land, 13½d.; a messuage, 2 acres and a rood once held by Alan s. Alan the smith, 13d.; forest pasture, 2¼d.; for works, 2d. at the lord's will; he will find *witnesinam* and mill-works; ½ acre once held by Gilbert del Bank', 5d. (total, 2s. 11¾d.).

Agnes widow of William Bonifant: a messuage, 3 acres and 9 perches, 2s. 7¾d.; ½ acre, 5d.; ½ rood, 2d. (total, 3s.2¾d.).

John Lamb: land once Robert of the kitchen's, *viz.* a messuage, 2½ acres and 6 perches, 2s. 3½d.

John s. Walter del Gernans: 1½ acres called *Dudemanflat*, 9d.

Roger the serjeant of Rose: land once held by Tyok' son of Laurence and an acre once held by Alan s. Henry, 2s. 10½d.

[p.506] Roger del Blamir': 2 acres *de veteri*, 3s.

John s. Nicholas: ½ acre, 6d.

Total, £4 17s. 11½d.[1]

[1 Followed by notes 'At the said two annual terms' and 'Proved at Michaelmas, A.D. [13]29'. Underneath is heading: 'Hic sunt augmenta sive incrementa reddituum que de novo obvenerint extra particulas et summas predictas.' The remainder of the page is blank.]

[p.507]   LITTLE DALSTON[1]

Simon de Dalston holds 16 bovates: he will plough with 4 whole teams for 3 days, hedge the bounds of arable land with 8 men for 3 days, mow with 2 men and cart 4 cartfuls of corn, having dinner once a day; cornage, 5s. 6d.; forest victuals, 6s.; for a horse taking the farms of the barony to London each year, 5s.; he will have the upkeep of a fourth part of the mill-pond, its carts, stones and timber. Afterwards all these were redeemed for 21s. 6d. during the lord's pleasure, save for works on the mill-pond and house, its carts, stones and timber (total, 21s.6d.).

William Pynkeney: 1½ acres *de veteri*, 13d.

William de Walby: 2½ acres of the said William's land, 15d.

Margot daughter of John s. Stephen: 1½ acres *de veteri*, 9d.

Adam de Skelton: 6½ acres, 3s. 3d.

John Spicer: an acre, 6d.

William of the pantry: *Stewardfeld* and *Roulandfeld*, 10s.; 3 acres, 3s. 6d. (total, 13s. 6d.).

Robert of the kitchen: 2 acres, 20d.

Adam del Brounelstan: an acre in Little Dalston, 10d.
Thomas de Lenstok', a place for a kiln, 2d.

Total 44s. 6d. Proved at Michaelmas, [13]29.

Thomas de Stokton: a messuage and 8 acres in *Marjor'myr'*, 6s.
John de Morpath: 6½ acres *de veteri*, 2s.3d.

[¹ Printed in Appendix, where amendments are noted.]

[p.508]   UNTHANK

Sarot' daughter of Thomas the cobbler holds a messuage and ½ rood which
were her father's, 1½d.; ½ rood which Thomas Boy held, 2d.; 6 perches
which Henry Meldfray held, 1d.; an acre *de veteri*, 6d.; a rood *de novo*, 2½d.
(total, 13d.).

Henry Meldfray: 1½ roods, 3¾d.; 1½ roods and 4 perches *de novo*, 4¾d.;
a messuage and an acre *de novo*, 9½d. (total, 18d.).

Henry Meldfray and Robert Stub: 3 acres in Hawksdale, 14d.

William s. Robert: land once John s. Simon's, *viz.* 7½ acres *de novo*, 6s. 3d.;
1½ acres *de veteri*, 9d. (total, 7s.).

John Fairbarn: a messuage, 1½ acres and 8 perches, 19¼d.; 5½ acres of
Adam Hert's land, 3s. 9d. (total, 5s. 4¼d.).

John s. Meg': a messuage and 3 roods *de veteri*, and *de novo* 2½ acres, 22
perches and a rood of meadow in Cardew, 3s.

Maud daughter of William: a messuage and an acre, 7½d.

Broun Rogger: a messuage and an acre, 5d.

Emma daughter of John de Grynnesdall: a messuage, ½ acre, a rood, and 2
acres, a rood and 12 perches *de novo*, 2s. 5d.

John Lengleys: a messuage, 3 acres and 8 perches of land once held by
William Briswod, 2s. 6½d.

John Sytay: a place and 26 perches, 4½d.; a place which John Slegh held,
1d. (total, 5½d.).

John Slegh: land once Richard s. Adam's, 11s. 9½d.; an acre of John
Grunsdal's, 12d. (total, 12s. 9½d.).

Adam Hert: a messuage and an acre *de veteri* and 6½ acres *de novo*, 6s.
1½d.; and he holds with John de Grynnesdall and others in *Jordanlandes*, 2s.
6d.; 1½ roods and 16 perches, 4½d.; 2 acres, 20d.; an acre of William
Briswod's, 10d. From these John Fairbarn is charged for 3s. 9d.(total, 7s.
2d.¹).

William del Brudthwait: a messuage, 5½ acres, ½ rood and 12 perches, 4s.
9¼d.

John del Brunthwait: a messuage, ½ acre and 4 perches of Adam s.
Adam's, [5d. *interlined*]; an acre and 2 roods, 13½d., of land of Thomas s.
Thomas. His mother Hawis once held all this land (total *illegible*).
[p.509] John del Blamir': 2½ acres and ½ rood, 2s. 3½d.

Robert s. Amice: an acre, a rood and 10 perches, 8d.; ²a rood and 13
perches of Adam Hert's, 3¼d.² (total, 8d.³).

William Daniman: ½ acre in Unthank, 5d.⁴

Total, 59s. 5¾d.⁵

[¹ Corrected from 11s. 6d.
²⁻² Apparently struck out.
³ Corrected from erased figure.
⁴ Struck out, with reference to Little Raughton.
⁵ With note: 'This total is not correct. Instead read the schedule by John Bogett, collector, made at Michaelmas, [13]29, which has the total 53s. 1d.']

[p.510]   BUCKABANK

John Boget holds 4½ acres, a rood and 6 perches once Adam Danceyne's, 4s. 1½d.; a messuage, 9 acres, a rood and 16 perches, 7s. 8¾d. (total, 11s. 10¼d.).

Roger del Blamir': 4 acres, a rood and 6 perches once Adam Dancoyne's, 3s. 7½d.

Adam s. Adam s. Ralph: 2 acres, a rood and 2 perches, 22½d.; 4 acres and a rood, 3s. 4½d. (total, 5s. 3d.).

Henry s. Adam s. Ralph: ½ acre, 5d.

Mariot, daughter of Ralph Briswod: a messuage and 1½ acres, 15d.

Joan, daughter of Ralph Briswod: 2 acres, 20d; a place, 5d. (total, 2s. 1d.).

Richard Briswod: a messuage, 9½ acres and 1½ roods, 8s. 4¼d.

William s. Richard Briswod: a messuage, 6½ acres and ½ acre of meadow, 5s. 5d.

Joan daughter of Richard Briswod: a messuage, 3½ acres and 16 perches, 3s. 1d.; a place, 1¼d. (total, 3s. 2¼d.).

Gilbert Briswod: a messuage, 8½ acres and 5 perches, 7s. 9d.; 1½ acres and a rood, 21d. (total, 9s. 6d.).

Adam Briswod: a messuage, an acre and 1½ roods, 14½d.; a place, 1d. (total, 15½d.).

Gilbert s. Gilbert Briswod: a messuage, 2½ acres, a rood and 18 perches, 2s. 6d.

Joan daughter of said Gilbert: an acre, ½ rood and 8 perches, 12d.

John s. Henry Broun: a messuage, 6 acres, 1½ roods and 12 perches, 4s. 8d.; 2½ acres, ½ rood and 5 perches, 2s. 5½d.; ½ acre, 6d.; ½ rood, 3d.; a rood *de novo*, 3d.; an acre once Robert Steward's, 10¼d. (total, 8s. 11¾d.).

John del Wra, junior: a messuage and 3 acres, 2s. 7d.; 5½ acres and a rood of John del Wra, senior, 4s.9¼d.; and from John Grundale's land, 18d. (total, 8s. 10¼d.).

John del Wra, senior: a messuage, 9½ acres and 16 perches, 10s. 8¼d.; a place and a rood *de novo*, 2½d. (total, 10s. 11¼d., *sic*).

John s. Stephen s. Ralph: land which his father held, 3s. 11d.; 4 falls *de novo*, ½d. (total, 3s. 11½d.).

Henry s. Hugh: a messuage, 3½ acres, 1½ roods and 10 perches, 3s. 3¼d.; 1½ acres and a place, 17s.; another place, 2d.; 2 acres of Stephen s. Ralph's, 20d.; an acre of John Danceyne's, 10d.; 1½ acres, 9d. (total, 8s. 1¼d.).

John s. Richard Briswod: a messuage, 6½ acres, a rood and 18 perches, 6s. 1d.

William s. Adam Bristewod holds [*blank*].

[p.511] John s. Hugh: 1½ acres, 9d.

John Slegh: a messuage and 2½ acres, 2s. 1d.; ¹an acre of John de Grynnesdall's, 12d.¹; a rood *de novo*, 2½d. (total, 2s. 3½d.)

John s. John Slegh: a messuage, 6½ acres, ½ rood and 15 perches, 4s. 9½d.

Mariot Leget: ½ acre *de novo*, 5d.

Robert del Culgayth: 16 falls of land *de novo*, 1d.; land once held by Adam de Rosdene, 2s. 7d. (total, 2s. 8d.).

Henry Bayard: a messuage and 1½ acres once held by Elias Geldcat', 15d.; 6½ acres, ½ rood and a place, 5s. 9½d.; 3 roods of Thomas Stel's, 7½d. (total, 7s. 8d.²).

John de Ellington: a rood, 2½d.; a place, 1½d. (total, 4d.).

Henry s. Henry de Gaitschales: 3 acres in *Haukeland*, 14d.³

Thomas de Dunfres: 3 acres of Robert del Celer's, 3s.

William de Walby: 1½ acres and 4 falls, 15¼d.; a rood and 5 falls, 3¾d. (total, 19d.⁴).

Adam de Brounelstan: 4 acres; *de novo* ½ acre, 5d. (total, 26d.⁵).

Alan of the pantry: 3 acres in *Haukeland*, a pound of pepper.

Land of Thomas s. Adam, 5½ acres, used to pay 4s. 3½d. } in
Land of John Meldfray, 4 acres, used to yield 40d.   } the
Land once Robert de Bridlington's, ½ acre, 2½d.   } lord's
Land once Christine daughter of Ralph del Wra's, an   } hand
  acre, 10d.⁶

Total, £6 8s. ¾d. and a pound of pepper⁷

[¹⁻¹ Struck through.
² Apparently corrected to 7s. 9½.
³ With note: 'But see in Unthank'.
⁴ Corrected from 9d. *and* 18d.: the *x* of *xv* (d.) interlined.
⁵ Corrected from 5d.: the '4 acres' interlined.
⁶ With interlineation: *in manus v d. et reddat v d.*
⁷ Corrected to £6 8s. 5½d., with 'pound of pepper' struck through. Followed by note: 'Proved at Michaelmas, [13]29. This is not shown in the farm of Henry de Gaytscales which includes 14d. for land said above to be in the lord's hand, not in the farm of William s. Adam Brisewode, because he has not yet agreed the sum.']

[p.512]   CARDEW

John s. William of the pantry holds land which was John de Bernington's in demesne. Stephen de Aketon and Beatrice, widow of Henry de Hoton, hold 13 bovates of this tenure, annually paying 7s. 6d. at Easter and 7s. 6d. at Michaelmas; for cornage, 2s. 9d. at Michaelmas; for forest pasture, 4s. 10½d. at Midsummer; and for works redeemed, 7s., by the lord's will (total, 29s. 7½d.).

John s. William of the pantry: an acre *de veteri*, 6d.; 3 acres *de novo*, 2s. 9d.; a place in Cumdivock, 2d.; an acre of meadow once Henry del Grene's, 10d. (total, 4s. 3d.).

This land used to be ploughed with 9 teams for a day, and harrowed, and the arriage reaped with 18 men for a day; hoed with 9 men for a day; mowed with 5 men for a day to lift hay but not spread the grass, and carry 6 wagons or 12 carts of corn or hay. The workers would have a meal on the days they worked. These works were redeemed during the lord's pleasure for 7s., as above. John also does suit of court every 3 weeks, makes the eighth part of the pond and mill-house at Dalston, carries millstones, and repairs half the lord's byre at La Rose with the men of Cumdivock whenever it decays with wind or age.

Robert heir of Sir Richard the chaplain: ½ acre of meadow, 12d.

John s. Ralph: ½ rood of meadow, 1d.

Robert del Blamir': 2 acres of meadow, 20d.

Walter s. Ranulph: ½ acre of meadow, 5d.

Henry Ward: a rood of meadow, 2½d.

Alan the smith: an acre of meadow and 2 pieces, 10d.

Thomas de Caldre and John s. John de Bladwinholm: land once held by William de Whitrig', 14s. Thomas holds 18 perches, 1¼d. (total, 14s. 1¼d.).

Alan s. Alan the smith: 3 acres and 16 perches, 2s. 7d.

John de Mora: a messuage, 9½ acres and 16 perches, 7s. 4d.

Richard of the hall: a messuage, 4½ acres and ½ rood, 3s. 3½d.

John s. John de Mora: an acre, 10d.

Robert s. Adam: a messuage and 3½ acres *de veteri*, ½ acre and ½ rood, 3s. 3¼d.

William s. Stephen: 3½ acres and ½ rood once Gilbert le Clumber's, 3½d.

Robert del Chaumber': a messuage and 4 acres *de veteri*, 4½ acres and ½ rood, 5s. 5½d.

William de Orreton: a messuage, 4 acres and ½ rood, 4s. 1¼d.; an acre *de novo*, 11d. (total, 5s. ¼d.).

William Halman: a messuage and 3 acres *de veteri*, 1½ roods, 3 perches and 2 places, 3s. 9¼d.; of John le Spicer's land, ½ acre and 8 perches, 6d. (total, 4s. 3¼d.).

John Halman: a messuage, 3½ acres, ½ rood and 20 perches *de novo*, 2s. 5½d.

[p.513] Richard Halman: 2 acres once John Halman's, 20d. [*Margin*: William Halman claims this in farm.]

Eda wife of Robert the carpenter: 1½ acres of John Halman's, 15d.; 20 perches *de novo*, 1¼d. (total, 16¼d.).

William Braunche: land once John s. Henry's, 7s. 10¾d.; a messuage, 2½ acres and a rood of land of William s. Stephen and Robert of the chamber, 2s. 3½d.; 8 perches *de novo*, ½d. and no more than others hold by the old farm [of?] 22d. (total, 10s. 2¾d.).

Robert s. Henry: a messuage, an acre and a rood *de veteri*, and 5½ acres, a rood and 12 perches, 5s. 5¾d.; 12 perches *de novo*, 1d.; 1½ roods of the said William Braunche's, 4d.; a rood of Katherine daughter of William May's, 2½d. (total, 6s. 1¼d.).

William Redheved: land once Henry del Bankes', a messuage, 2 acres and a rood, 22½d.; a place, 6d.; 1½ acres of the said William Braunche's, 18d.; 13 perches *de novo*, 1d. (total, 3s. 11½d.).

John s. Ives: a messuage and 4 acres *de novo*, 2s.; 2 acres, ½ rood and 17 perches, 2s. 4¼d. (total, 4s. 4¼d.).

Richard Sclater: a messuage, 1½ acres, 14 perches and a place, 15d.

John s. William s. Alexander: 2½ acres *de novo*, 2s. 1d.; ½ acre once Thomas s. Robert's, 3d. (total, 2s. 4d.).

Sir Alan the chaplain: 3 acres and a place, 2s. 8d.

Thomas Hird: an acre of meadow, 10d.

John s. Walter s. Ives: 3 roods, 10d.

Henry Bayard: ½ acre of meadow, 5d.

John s. Ralph the tailor: a rood of meadow, 2½d.

Roger del Blamire: ½ acre of meadow in Cardew, 5d.

John del Blamire and Roger his brother: 1½ [acres] and 1 rood of meadow, 17½d.

Alan the marshal: a rood of meadow, 2½d.

William s. Adam s. Ives: 13 falls *de novo*, 1d.

The lord of Thursby: the water-course to his mill at Thursby, 2s.

There is a riding below Thursby containing 3 acres which used to yield 18d.; in the lord's hand.

Total, £6 10s. ½d.[1]

[1 With note: 'This total is not correct, but see the foot of the margin'. Another note is there: 'Total proved at Michaelmas, [13]29: £6 10s. 1¾d., but this does not include the farm of Richard Halleman, which extends to 20d.']

[p.514]   HAWKSDALE

Ralph del Blamire, Roger his son and John his son, hold 24 acres of the bovates of Dalston in Hawksdale, 30s.

Alan of the pantry: *de veteri* 2 acres and *de novo* 7 acres, 1½ roods and 24 falls, 8s. 8d.; 1 rood and 14 falls in various places, 4d.; a messuage and 1½ roods of Robert de Haukisdall's, 15d.; 1½ roods of Alexander de Dalmane's land, 6d; a dovecot (*turiculo*), ½d. (total, 10s. 9½d.).

John s. Thomas the smith: a messuage, 2 yards, 1½ roods and 8 falls, 7d.; 1½ roods of William Braunche's, 3d.; a rood *de novo*, 3d. (total, 13d.).

Roger s. John del Blamire: 1½ acres and a third of ½ acre, 5d.; 1½ acres and 12 falls *de novo*, 16d.; ½ rood, 3d. (total, 2s.).

Geoffrey de Grynnesdall: 8 acres *de veteri*, 2s. 1d.; *de novo* 1 acre, ½ roods and 4 falls, 14d.; ½ acre, 1d.; 10 falls, 1d.; 2 falls, ¼d. (total, 3s. 5¼d.).

John de Dalmane: 3½ acres, ½ rood and 12 falls, 2s. 11d.

Robert s. John del Blamire: 1½ roods of John de Dalmane's, 4d.; a messuage and 4 falls, 2d. (total, 6d.).

Patrick of the pantry: a messuage with a yard, 2d.; a messuage, an acre and a rood of John s. Julian's, 12d.; a rood *de novo*, 2½d. (total, 16½d.).

Hugh del Bank': a messuage and a rood, 7d.

Robert de Scotteby: a messuage, an acre and 16 perches, 12d.; a rood and 10 falls, 3¾d.; 4 falls *de novo*, ¼d. (total, 16d.).

William de Walby: a place and 7 falls, 4d; ½ acre and 8 falls, 5d.[1] (total, 10d.).

Stephen s. Simon: a messuage for a dovecot, 5½ acres and a rood *de novo* and an acre *de veteri*, 5s. 7d.; 2 acres *de veteri*, 12d. (total, 6s. 7d.).

Robert s. Henry: a messuage, an acre and 16 falls, 17½d.; 12 falls *de novo*, 1d. (total, 18½d.).

Roger the carter: a messuage and a rood once of Roger de Paris, 2s. 6d.; a rood and 10 perches, 6½d. (total, 3s. ½d.).

John Bermetounman: a yard, 6d.; 4 falls *de novo*, ½d. (total, 6½d.).

Margaret wife of Nicholas of the pantry and Cecily daughter of John Plimyng': a messuage with yard, ½ acre and 15 falls, 2s.; *de novo* 12 falls, 2d. (total, 2s. 2d.).

Alice Panyot: a messuage, a rood and 8 falls, 4¼d.

John s. Robert del Blamire: land once John's[2], 8d.; a place, 2d.; [p. 515] a messuage, 2d.; an acre, a rood and 16 falls, 7d.; a messuage and 3 acres *de veteri* and 1½ [acres?] and 16 falls *de novo*, 2s. 10d.; ½ rood *de novo*, 1½d.; 9 falls *de novo*, ½d.; 11 falls *de novo*, 1d. (total, 4s. 8d.).

Henry Warde: a messuage and an acre, 10d.; 2 acres *de veteri*, 12d.; ½ acre *de novo*, 6d.; a rood and 4 perches, 3¼d. (total, 2s. 7¼d.).

Robert de Blamire: a messuage with yard, a toft at *Hellers*, 1½ acres *de veteri*, an acre and 32 falls *de novo*, a rood and 3 falls of John Catell's, a rood of Adam s. Gilbert's, a rood of William del Field's, 1½ roods *de novo* and 20 falls, 3s. 10d.

Roger the serjeant of Rose: a messuage *de novo*, 3 acres and a rood, 18d.; a place, 3d. (total, 21d.).

Roger de Blamire: a messuage, 3d.; an acre, 3d.; a rood and 14 falls, 12d.; ½ acre, 4½d.; 3 roods of John the forester's, 9d.; land of Hugh Nout, 5½d.; land of Adam Danceyne, 19d.; 1½ roods once Thomas de Blamire's, 8d.; land of John Stirpot', 4½d.; 16 perches *de novo*, ½d.; a messuage, 1½ acres and 16 falls, 16½d. (total, 6s. 10½d.).

John Panyot': a messuage and an acre, 7d.

Roger Payn: 3 roods, 7d.

Henry the porter: a messuage, 3d.; 1½ roods, 5½d. (total, 8½d.).

Robert del Field: a messuage and an acre *de veteri* and 5 acres and 16 perches *de novo*, 5s. 1½d.; ½ acre and ½ rood, 7½d. (total, 5s. 9d.).

Thomas s. William del Field: his father's land, *viz.* a messuage, 4 acres and 16 falls *de novo* and 2 acres *de veteri*, 4s. 6d.; 10 falls *de novo*, ¾d.; a toft, an acre and 3½ roods, 19¼d. (total, 6s. 2d.).

Roger Schaktrot': a cottage, 1½ acres and 34 falls, 2s.; 20 falls *de novo*, 1½d. (total, 2s. 1½d.).

Alice widow of William de Beaumond: 5 acres, 2s. 7d.

John Lovel: a messuage and 2½ acres, 17d.

William Bonifaunt: a messuage, 2 acres, a rood, 5 falls and 3 roods, 3s.; ½ acre *de novo*, 6d.; 3 roods and 8 falls of William Herle's, 8d.; ½ acre and 16 falls of William s. Adam's, 6½d; 1½ acres and 32 falls of William s. Robert del Field's, 17d.; a rood *de novo*, 3d.; ½ rood, 1½d.; 4 falls *de novo*, ½d. (total, 6s. 6½d.).

[p.516] John Lambe: a messuage and an acre once Adam le Salter's, 10½d.

Robert del Gill: land once held by John Wafthos', 2s.; a messuage, 1d.; ½ acre of Thomas del Gill's, 5d.; 1½ roods and 20 falls, 5½d.; 20 falls *de novo*, 1½d. (total, 3s. 1d.).

Thomas del Gill: a messuage, 1½ acres, 16 falls and a place at *Thornes*, 20d.; a place, 10d.; another place, 9d.; a rood and 10 falls, 2d.; increase for 16 falls, 1½d. (total, 3s. 6½d.).

Thomas Brounyng': a messuage, 1½ acres and 17 falls, 2s. 4d.; a place and ½ rood, 9½d.; 14 falls *de novo*, 1d; [3] ½ rood *de novo*, ¼d.[3] (total, 3s. 2¾d.)

John s. Walter: in *Bornans*, 4 falls, 1½d.; 8 falls de novo, ½d.; 4 falls, ½d. (total, 2½d.).

William s. Stephen Dadesone: 16 falls, 2d.; 20 falls, 1½d.; 16 falls, 2d.; [4]½ acre *de novo*, 5d.[4] (total, 10½d.).

John del Gill: an acre, a rood and 4 falls of Thomas Haward's, 2s.; a messuage, 2 acres, 1½ roods and 2½ falls, 2s.; 20 falls, 1½d.; ½ acre *de novo*, 5d. (total, 4s. 6½d.).

Stephen de Acketon: a messuage, ½ acre, a rood and 2 perches of Alan le Parcar's, 9d.; a place *de novo*, 1d. (total, 10d.).

Total, £6 12s. 5¾d.[5]

[1-1] Added later, with the total thus amended.
[2] Possibly in error for Robert, but see above (under Hawksdale) for Robert son of John del Blamire.
[3-3] Added later.
[4-4] Added later, with total amended.
[5] With note: 'Proved at Michaelmas [13]29.'

[p.517]   CUMDIVOCK

Thomas s. Thomas le Hird holds 2 bovates, 4s.6d.

John s. John s. Nicholas: 2 bovates, 4s.6d.

John s. Thomas le Hird: 2 messuages and 2 bovates, 4s. 6d.

Gilbert Campion: a messuage and 2 bovates once William Campion's, 4s. 6d.

William s. Alan: a messuage and 2 bovates, 4s. 6d.

Robert Campion: a messuage and 2 bovates, 4s. 6d.

John s. Ralph: a messuage and 2 bovates, 4s. 6d.

Christine daughter of John s. Nicholas: a messuage and 2 bovates held by Adam del Morthwait, 4s. 6d.

Robert de Blamire: a messuage and 2 bovates, 4s. 6d.

Gilbert Campion: a mediety of 2 bovates, 13½d.

Thomas Tynegat': the other mediety, 13½d.

W. dele Blamyre [*interlined*]

William Toppyng: 1 messuage and 2 bovates; he used to pay 4s. 6d.

Each of these ten[1] holds 2 bovates and pays 2s. at Whitsun and Michaelmas; for cornage at Michaelmas, 3d.; at Midsummer for forest pasture, 9d. Each ploughs with ½ team for 3 days, reaps with a man for 3 days, hoes for 3 days and harrows what is ploughed. He has a meal from the lord. He mows with a scythe each day, making hay and eating as before; each carries a wagon of corn or hay, or two carts, without a meal. Each has redeemed these works for 18d. and gives 2 hens at Christmas or 2d. for the lord's [good]will; makes an eighth part of the house and pond of Dalston mill, carries millstones and timber; does suit of court every 3 weeks and [pays] molture for the thirteenth measure. They make half of the byre at Rose with the lord's timber whenever it is damaged by wind or age, but do not cover it. They pay merchet for their daughters and 40 eggs [MS. *ov'*]. This has ceased, however, although it is found in old rolls.

[p.518] Robert de Blamire: a third of acre once William Typping's, 2d.; a place, 1d. (total, 3d.).

Thomas Hird: 2 acres *de veteri*, 2 acres *de novo*, a rood and 2 perches, 2s. 10½d.; a place at the door of his house, 1d.; a dovecot, 2d.; ½ acre, ½ rood and 7 perches, 4d. (total, 3s. 4½d.[*sic*]).

John s. Nicholas: 2 acres *de veteri*, 2 acres de novo, ½ rood and 4 perches, 2s. 2½d.; a place, 1½d.; 2 acres, a rood and 18 falls once John s. Hugh's, 2s.; ½ rood once held by Emma Cole, 1¼d.; a rood *de novo*, 3d. (total, 5s. 8¼d.[*sic*]).

Thomas s. Thomas le Hird: land once held by John s. Walter, 1½ acres and 16 perches, 17½d.; a rood, 4d. (total, 21½d.).

Gilbert s. William Campion: his father's land, *viz.* 5½ acres and ½ rood *de veteri*, 5½ acres, ½ rood and 4 perches, 7s. 2d.; 3 roods and 13 perches, 10d. (total, 8s.).

William s. Alan: a messuage, 2 acres *de veteri* and 8 perches *de novo*, 17½d.; a rood *de novo*, 3d.; a messuage and an acre *de veteri* and 2½ acres *de novo*, 3s.; ½ rood and 4 perches *de novo*, 2d. (total, 4s. 10½d.).

Robert of the kitchen: a messuage and 2 acres, 3s. 10d.

Robert Campion: a messuage and an acre, 5½d.; ½ rood *de novo*, 4d.; 8 falls *de novo*, ½d. (total, 10d.).

John s. Reginald: a messuage *de novo*, ½ acre, ½ rood and 6 perches, 7d.; ½ rood *de novo*, 1½d. (total, 8½d.)

Roger del Blamire: land of Adam del Morthwait, *viz.* a messuage, 1½ acres and ½ rood *de novo*, 11¼d.; a place, 1d.; a rood and 16 perches, 3½d.; a place, 1d.; another rood and 16 perches, 3½d. (total, 20¼d.).

Robert del Blamire and Thomas Stel: a messuage and an acre *de novo*, 10d.; ½ acre and 8 perches, 6d. (total, 16d.)

Gilbert Campion: *de novo* a messuage and 1½ acres, 15d.; ½ rood *de novo*, 1½d. (total, 16½d.).

Thomas Longkok': a messuage, an acre, ½ rood and 2 perches *de novo*, 13d.; ½ acre and 26 perches, 7½d.; *de novo* 7 perches, ½d. (total, 21d.).

John del Gill: a messuage and an acre *de veteri*, and 3½ acres and 17 perches *de novo*, [p.519] 3s. 6d.[2]; a place, 2d.; ½ acre, ½ rood and 9 perches, 7d.; 13 perches *de novo*, 1d. (total, 4s. 4d.).

Thomas Longcok': land of John Lucok', a messuage and an acre *de veteri*, 6d.; *de novo* 3½ acres and 1½ roods, 3s. 3¾d.; a place, 2d.; 8 perches *de novo*, 1d. (total, 4s. ¾d.).

John Blak': a messuage and 4 perches, 1d.; a rood, 4d.; 2 places, 2d.; a messuage, an acre, 1½ roods and 4 perches, 19½d.; a place, 4d. (total, 2s.5½d.[*sic*]).

John Child: a messuage and 1½ roods, 4d.; a place, 2d. (total, 6d.).

John Rayncokfoster and Beatrice daughter of Reginald and Ada de Briddelington: 4 acres and a fifth of an acre, 3s. 9d.; a place, 1d. (total, 3s. 10d.).

Joan del Cote: a messuage, an acre *de veteri*, an acre de novo and 10 perches, 22½d.

Robert s. Adam s. Henry: a messuage *de veteri*, and *de novo* an acre and 10 perches, 16¾d.; a place, 6d. (total, 22¾d.).

Robert of the kitchen: in two places (*locis*) an acre and 16 perches, 13½d.; 6 perches, ½d. (total, 14d.).

Patrick the carpenter: a messuage and ½ acre once Adam de Hoton's,

5¼d.; a place and ½ rood, 4d.; a rood and 22 perches once held by Thomas the clerk, 13d.; 4 falls *de novo*, ½d. (total, 22¾d.).

Alan s. Adam: a messuage, 2 acres and a rood *de veteri*, and *de novo* 5 acres, a rood and 17 perches, 6s.

John s. Ralph the tailor: a messuage, 3 acres and 13 perches *de veteri*, 18½d.; *de novo* 4 acres, 3s. 4d.; a place, 6d.; a place, 1½d.; ½ acre, ½ rood and 7 perches *de novo*, 7¼d.; ½ acre, 5d.; 4 acres in *Brounthwait*, 3s. 4d. (total, 9s. 10¼d.).

Robert del Blamire: a messuage, 2½ acres and 12 perches once Thomas Tyngat's, 2s. 5d.

Robert Stel: an acre *de novo*, 10d.; ½ acre *de veteri*, 3d.; a rood *de veteri*, 1d.; land of William s. Stephen Dades, 20d. (total, [2s. 10d.][3]).

Stephen Haward: a messuage and an acre *de veteri*, 3 roods and a place, 14½d.; ½ rood and 16 perches, 2½d.; 24 falls in two places, 2d. [total, 1s. 7d.].

Roger the carter: a [messuage] and 1½ acres *de veteri*, 3 roods and 8 [perches?], 17d.; a rood, 3½d. [total, 1s. 10½d.].

John del Fel: land once Henry s. Henry's and John s. John's, a messuage [......].

[p.520] John s. John the smith: *de novo* 2 acres and ½ rood, 21¼d.

Henry s. William Nicolfoster: land once Mariot Stel's, *viz.* a rood *de novo*, 3¼d.; 8 perches, 1½d. (total, 4¾d.).

Walter s. Ranulph: a messuage, 5½ acres, ½ rood and 10 perches, 4s. 9d.; an acre, ½ rood and 18 perches, 13¼d.; ½ rood, 1½d.; an acre *de veteri*, 6d.; a rood *de novo*, 2½d.; 4 perches, ¼d. (total, 6s. 8½d.).

Margaret Haward [*interlined over* Alice Bonifaunt, *cancelled*]: a messuage, an acre and ½ rood *de novo* and 3 roods *de veteri*, 16d.; a place once Sarah Haward's, 1d. (total, 17d.).

John s. Adam s. Emma: a messuage, an acre, a rood and 10 perches *de novo*, 18d.

William s. Henry Tod: 1½ acres, 15d.; *de novo* ½ rood, 1¼d. (total, 16¼d.).

Thomas Tynegat': a messuage, 6 acres, 3 roods and 12 perches once William May's, 5s. 10d.; a fifth of an acre and a rood *de novo*, 6d.; a place, 2d.; an acre, ½ rood and 10 perches, 12d.; an acre and ½ rood *de terra Banseyne*, 13½d. (total, 5s. 9½d. [*sic*]).

John s. Adam s. Hugh: a messuage, 10½ acres and a rood, 8s. 6½d.; 25 perches, 1d. (total, 8s. 7½d.).

Katherine daughter of William May; a messuage and 3 roods, 7½d.; 2½ acres of William Tynegat's, 2s. 2d. (total, 2s. 9½d.).

John s. Ralph de Comdowok: a messuage, 3½ acres, ½ rood and 4 perches *de novo*, 2s. 7½d.; a place, 7½d.; another place, 2d. (total, 3s. 5d.).

Roger the serjeant of Rose: a close containing an acre, 12d.

[...][3] s.Geoffrey Priorman: a messuage and 1½ acres, 15d.

[.....]enyngton: a messuage, 1½ acres and 16 perches, 16d.

[......]: a messuage, an acre, a rood and 12 perches, 14½d.

[.......]: a messuage, 2 acres and a rood *de veteri*, and 8 acres, 3 roods and 8 perches, 8s. 8d.

[....: a] messuage and ½ acre of Nicholas of the chamber's, 5d.

[........],9s. (total, 9s. 4d.).

[.........], 2d.

[p.521] William s. William Ede [*interlined over* John de Dalston, *cancelled*]: a messuage, 4 acres, and 1½ roods, 3s. 6¾d.; ½ rood, 1½d.; 3 roods and 6 perches once Ranulph le Bercher's, 8d.; a rood and a place, 4d.; a place and 3 roods of Katherine daughter of [William?] May's, 9d. (total, 5s. 5¼d.).

William s. Stephen de Cartheu: land of Adam s. Henry s. Christine, *viz.* a messuage, an acre and a rood, 15d.; 2 acres and a rood, 22½d.; ½ acre of William Braunche's called *Marcuumhalneacre*, 5d.; 11 falls, 1½d.; ½ acre, 5d.; ½ acre of meadow of John s. Hugh's, 5d.; (total, 4s. 6d.).

John Spicer: a messuage, 2 acres and ½ rood, 2s. 7d.

Richard Dun: a messuage, 3½ acres and ½ rood, 3s. 5½d.

William de Thrillekeld: land once Henry s. Henry's, *viz.* a messuage, 3½ acres, ½ rood and 18 perches *de novo* and a place, 3s. 4¼d.

John de Biggelandes: a messuage, 1½ acres and 28 perches, 16¾d.; a place, 2d.; an acre once held by Adam s. Gilbert, 10d.; 3 acres and 16 perches which he had from John s. Adam s. Hugh, 3s. ½d. (total, 5s. 5¼d.).

John s. Robert: a messuage, ½ acre and 16 perches, 6d.; 4 acres and 4 perches, 3s. 5½d.; ½ rood and 12 perches, 3d.; ½ rood once Adam Breton's, 1¼d. (total, 4s. 3¾d.).

John s. John de Mora: a messuage and 2 acres, 20d.

John de Mora: an acre *de veteri*, 6d.; 1½ acres and 8 perches, 9½d.; 1½ acres, 16d. (total, 2s. 7½d.).

Robert s. Adam s. Henry: a messuage and 1½ acres, 15d.; an acre and a rood, 6d. (total, 21d.).

John s. Alan the smith: ½ acre, ½ rood and 16 falls, 5d.

Hugh s. Henry Baker: 4½ acres, 2s. 3d.

John s. Ralph, attorney of Robert heir of Sir Robert the chaplain: 2 acres, 15d.

Eda widow of Robert the carpenter: an acre, 10d.

Thomas del Gille: an acre and a rood called *Rendelcroft*, 8½d.

[p.522] Margaret d. William s. Julian: land of William s. Julian, *viz.* ½ acre and ½ rood, 6¾d.

Henry Stok: ½ acre and ½ rood, 6¾d.

John s. Patrick the carpenter: land once Adam Moffet's, 8d.

Total, £11 6s. ½d.[4]

[1 Followed by marginal note: 'Ecce de istis xiij cus[tumariis?].'

2 This payment is shown twice, alone on first line, again at start of the next.

3 Corner of this folio lost by tear.

4 With two notes: (i) 'Except for the said services because they are not included'; (ii) 'This total is wrong but see below'. At foot of page: 'Total proved at Michaelmas [13]29, £11 9s. 4¼d. And this does not contain the farm of Thomas de Lon[g]ekok' which exceeds 21d.' Another total follows, *viz.* £11 14s. 4¼d.]

[p.523]   LITTLE RAUGHTON

John the smith and Robert de Scotteby hold 22 acres in bondage, 24s.

The same John: an acre and a rood in *Kydholm*, 15d.; a rood *in le fors, de novo*, 3d. (total, 18d.).

Stephen Stubbe: 3 roods in *Kydholm*, 4½d.; 1½ acres there, 7½d. (total, 12d.).

Nicholas s. Henry: a messuage and 5 acres *de antiquo* in exchange from Whitrigg, 2s. 6d.; 3 acres *de antiquo* for doing the king's carting, 9d.; 9 acres from demesne, 10s. 2d.; a place once Robert Bacon's, 12d. (total, 14s. 4d. [*sic*]).

Hugh le Harper: 5 acres once *Whitmannes*, 2s. 6d.

John del Heved: ½ acre of meadow, [*erased*]; for *Langriddinges* [*erased*]; for *Laddebusche* [*erased*]; 3 acres by *Rausbrig'*, [3s. *erased*] (total, 6s. 1d.).

William s. David: 1½ acres, 5d.

Henry s. Henry: 1½ acres, 5d.

Robert Stube: [*blank*], 4½d.

        Total 50s. 9d.; proved at Michaelmas, [13]29.

[p.524]   CALDECOTES

Alice wife of Michael de Haverington holds 2 acres at the lord's will, 12d. at Easter and Michaelmas.

Henry the clerk: his land in Willow Holme, 5s. at those terms; he does 3 suits *p.a.*

Geoffrey the tanner: his land in Willow Holme, 5s.; 3 suits *p.a.*

M. Robert de Suthayk: 13 acres, 9d.; for cornage, 2½d. at Michaelmas; multure to 13th measure; 3 suits *p.a.*(total, 11½d.).

John de Crofton: for his part of Morton, 18d.; land called *Hermetcroft*, 18d.; 3 suits *p.a.*; multure for Morton to 20th. measure (total, 3s.).

John s. William s. Ives: 20 acres, 3s. 4d.; multure to 13th measure; suit every 3 weeks; 3 pounds of pepper at Carlisle fairs (total, 3s. 4d.).

John de Crofton: an acre once Adam the reeve's, 1d.

Alexander de Ribbeton: his part of Morton, 18d.; multure to 20th measure; 3 suits *p.a.* (total, 18d.).

John de Capella: his land, 14s. 5½d.; for cornage, 2s. 9d. at Michaelmas; for forest victuals, 9d. at Midsummer; multure to 20th measure; suit every 3 weeks (total, 17s. 11½d.).

Ralph the parker: 3 acres, 12d.; multure to 13th measure; 3 suits *p.a.* (total, 12d.).

Henry de Kirkhalgh: an acre, 4d.; multure to 13th measure.

William s. Gilbert the tanner: 3 acres, 15d.; multure to 20th measure; 3 suits.

Helen widow of Peter Taynterell: land of *Cnokdentwald*, 2s.; multure to 20th measure; 3 suits *p.a.*

Gilbert de Kirkandr': a cottage with yard, 2d.

Helen wife of Peter Taynterell: a cottage with yard, 4d.

Richard of the mill: ½ acre, 23d.

Roger de Dernyngton: a toft with yard in *Gresmenland*, 18d.

Stephen the goldsmith: a toft with yard [there], 9d.

Gilbert Algot': a cottage with yard [there], 9d.

Joan wife of William Prest: a cottage with yard [there], 9d.

[p.525] Roger de Dernyngton: a yard, 12d.[1]

Thomas de Netherby: a yard, 2s.

John s. Alan: a house once Simon May's, 20d.[2]

John Worschip: 1½ acres, 1d.

Christine widow of Peter de Worschip: a yard, 12d.

Roger de Dernyngton: 2 acres, 2s. at the same terms

Robert de Grynnesdall: 9 acres, 18d.

Andrew del Hill: 2½ acres, 4d.

Geoffrey the tanner: 2 acres and ½ rood, 5d.

Roger s. Clarice: 2 acres and a rood, 4d.

Thomas de Wederhale: 3 roods, 1½d.

John s. William s. Ives: 4½ acres, 9d.; also ½ pound of pepper at Carlisle fairs.

Henry the clerk: 8 acres, 6d. at the same terms.

Agnes daughter of Nicholas de Caldecotes: 4 acres, 8d.

John Worschip: an acre, 2d. at the same terms.

Robert Grout: an acre, where he built a grange next to Holy Trinity church,[3] 12d.

Total, 62s. 1½d., proved at Michaelmas, [13]29; but the reeve asked to be allowed 12d. for Roger de Derlington's [*sic*] farm, and 20d. for John s. Alan's, because these are the tenements of a poor woman, as was found in court: he should seek the lord's grace.

Memorandum that housegable is all in arrears, because the area built in burgage will give 11d. and the unbuilt area 1d. *p.a.* The reeve of Cummersdale shall answer for the term of St. Peter's Chains [1 August], 1329 – 2s. [*interlined*: which was paid].

[[1] Over this line is: 'Julia daughter of Simon May had this yard but paid nothing except housegable.'

[2] A similar (semi-legible) note about her over this line.

[3] See D.R. Perriam, 'An unrecorded Carlisle church: the church of the Holy Trinity, Caldewgate', *CWAAS*, n.s. LXXIX (1979), 51–5.]

[p.526]   CUMMERSDALE *MAGNA*

Tenants: for cornage, 4s. 1d. at Michaelmas; forest pasture, 4s.6d. at Midsummer; suit of court every 3 weeks.

Total, 8s. 7d.

CUMMERSDALE *PARVA*

William de Brounelstan holds 2 bovates of *bordland*, 13s. 4d. at Michaelmas and Easter; for cornage at Michaelmas, 8¼d.; land *de novo*, 1½d; [multure] to 13 measures (total, 14s. 1¾d.).

Richard de Cryngeldyk': 2 bovates of *bordland*, 13s. 4d. at the above terms; for cornage at Michaelmas, 8¼d.; 1 rood *de novo*, 5d. at Michaelmas (total, 14s. 5¼d.).

Richard s. David: 2 bovates of *bordland*, 13s. 4d. at the above terms; cornage at Michaelmas, 8¼d.; new land, 2d. (total, 14s. 2¼d.).

William s. William de Netherby: 2 bovates of *bordland*, 13s. 4d. at the above terms; cornage at Michaelmas, 8¼d.; new land, 2d.; multure to 13 measures (total, 14s. 2¼d.).

Richard of the mill: a place and a grange, 3s.

Total, 58s. 6½d.(*sic*). Proved at Michaelmas, [13]29.

A fulling mill on the River Caldew held by Adam [?]Daliwag[er]in for 10s. *p.a.*

[In bottom corner] Total 51s. 7d., and the rest respited because of war.

[p.527] Dalston mill, demised this year for £32.
¹This year, 1328, because of war, demised at farm for £24.¹
Cummersdale mill, demised for 10 marks.
¹This same year, demised for following 3 years for 100s. *p.a.* The schoolmaster (*magister scolarum*) has the farm.¹

Total, £38 13s. 4d.

[¹⁻¹ Interlined in another hand.]

RENTAL OF LANDS OF DALSTON CHURCH

The vicar of Dalston holds a messuage and land once held by Gilbert Baret, 22s. 6d.

The same: land of Lekwlf', 5s.; he used to pay 10s.

William de Walby: land once held by William s. Agnes in Hawksdale, 10s.

The same, Robert de Scotteby and John del Blamire: 20 acres in Hawksdale, 20s.

John s. Alan the smith: Alan's land, 3s. 4½d.

John of the kitchen: land once held by Robert s. Emma, 4s.8d.

Robert s. Alan of the pantry: land of William the farrier, 5s.

Roger del Blamire and John Doget: 2 acres once held by Adam s. Ralph, 20d.

Roger del Blamire, Robert and John del Blamire: land in *Brakanholm*, 5s.

Adam Kant: a messuage and an acre in Dalston, 3s.

Total, £4 3d.

[p.528]   RENTS OF LINSTOCK MANOR

Sir Peter de Tilliol holds his land in Rickerby by homage, service and 13s. 4d. at Easter and Michaelmas.

Sir Thomas de Fornivall: his land in Crosby and Brunstock by homage, service, 11s. at the same terms, and suit of court every 3 weeks.

Lady Joan de Applinden: another mediety in Crosby and Brunstock by homage, service, 11s. [etc., as above].

Adam de Appilby; 40 acres in Walby and Brunstock, 2d. and 1 pound of pepper at the Assumption of the Virgin [15 Aug.].

John de Irton: a mediety of Walby, by homage, service and 5s.

Thomas s. John: 18 acres in Brunstock, 5s. and suit of court; demised various tenements for 5s. (total, 5s.).

Thomas the clerk: 4½ acres of Thomas s. John's, 1d.

Adam Bullok': 2 acres of said land, ½d. at Michaelmas.

William s. Thomas: a toft and an acre, ½d.

John s. Richard: an acre, 2d.

John Collan of Walby: 4 acres, 4½d.

John Collan the miller: 12 acres for homage, service, a pound of cumin and suit of court every 3 weeks.

Adam Bullok': 8 acres for the same farm.

William s. Walter: 12 acres for a peppercorn.

William s. Arnold: 8 acres of Gervase, rector of Melmerby's,[1] 4s. at Easter and Michaelmas; suit of court every 3 weeks.

Adam Bullok': 4 acres once held by Olly, 4s.

The same: a messuage, 21 acres and 3½ roods, 21s. 9¾d.

Richard Fouler: 20 acres and 3½ roods, 19s. 9½d.

Robert s. John: 22 acres and 1½ roods, 22s. 4½d.; for *forland*, 6d. (total, 22s. 10½d.).

John s. Thomas: a toft, 2s.; 19 acres and 1½ roods, 19s. 7½d.; [3]a cottage with court, 2s.;[3] (total, 21s. 7½d.).

Richard Bullok': 20 acres and 3½ roods, 20s. 9d.

[2]The same Richard: a toft, 12d.[2]

Thomas Ber: 10 acres, 10s.

[2]Richard s. Robert: 22 acres and 1½ roods, 22s. 4½d.[2]

Alan Berlot: his land, 4s.

Hugh Tod: a messuage, an acre and 3 roods, 2s.

Margaret Tult: a cottage, 21d,

Hugh Leper: a cottage, 12d.

Alan the cobbler: a cottage, 12d.

[4]A mill farmed for 27 marks this year (and 2 others).

A fishery demised for 7 marks this year ... and another ..[4]

[p.529] John the cook: a toft and 2 acres, 2s. 3d.

John the reeve: a cottage, 18d.; a toft, 12d. (total, 2s. 6d.).

Nicholas le Berier: a cottage, 18d.

There are 27 acres of arable land and pastures.[5]

[2]Land of *Hoterell*, 4s.[2]

Total, £9 6s. 2¾d.[6]

[1] As in 1303 (*Reg. Halton*, I.185).
[2-2] Interlined in other hands.
[3-3] Struck through.
[4-4] Two added lines, made indistinct by rubbing.
[5] Followed by later note in margin: '23s. 7d. of the farm of Linstock remitted by Sir J[ohn] de Bourd.'
[6] Corrected to £10 15s. 8d.]

HIGH CROSBY

In demesne 64 acres of land once paying 10d. per acre and 7 acres of meadow; now in the lord's hand.

Roger of the hall holds 21 acres freely; 7s. 8d. at Whitsun and Martinmas (11 Nov.).

Robert s. William held 16 acres and paid 9d. and a pound of pepper; he is now released.

Adam Croft: 14 acres of that land, 7d. and a pound of pepper.

John Curheme: 1½ acres, 1½d.

Roger the carpenter: ½ acre, ½d.

Helen the widow: 6 acres, 6s.

Roger Mansel: an acre, 2d.

Antegonia: 2½ acres, a pound of cumin.

John Curheme: 16 acres, 12s.; an acre of *forland*, 10d. (total, 12s. 10d.).

John Godman: 16 acres, 12s.; 2 acres of *forland*, 2s. 6d. (total, 14s.6d.).

John Carpenter: 16 acres, 12s.; 3½ acres, 3s., but he used to pay 6s. 8d. (total, 15s.).

John de Lynstok': 16 acres, 12s.; a rood of *forland*, 6d. (total, 12s. 6d.).

Maud wife of Hugh: 3 acres, 3s.

John s. Richard: 16 acres, 12s.; a rood of *forland*, 6d. (total, 12s. 6d.).

William s. John: 16 acres, 12s.; 3 roods, 12d. (total, 13s.).

Roger Carpentar': 16 acres, 12s.; 3 roods of *forland*, 12d.; an acre of *forland*, 12d. (total, 14s.).

John s. Henry: 12 acres, 9s. 2d.

Richard Carpentar': 12 acres, 10s. 7d.; 2 acres of *forland*, 2s. 6d. (total, 13s. 1d.).

[p.530] Agnes de Fonte: 2 messuages and an acre, 4s.

Christine the weaver [*Textrix*]: a place (total, 6d.).

John Derman: 2 acres and a fishery, 4s. 6d.

Alice the widow: ½ messuage, 15d.

John Carpentar': a yard, 12d.

Roger de Walby, 4 acres in Walby, 5s. 4d.[1]

The fishery of Linstock demised this year for £8.

The manor mill demised this year for £20.[2]

Total, £35 8s.

[1] 'Total £7 10s. 9d. for A.D. [13]28' inserted beneath this line.
[2] Followed on same line, again in another hand: 'for the same year 19 marks'. On next line, in a third hand: 'but for this year, 1328, because of war damage (*destruccionem guerre*), demised for 27 marks to be paid at 2 terms, Midsummer and Michaelmas. And for all these see the rental for Linstock'.]

ASPATRIA

Roger s. Thomas renders 11s., 3 hens and 40 eggs at Easter and Michaelmas.

Mariot Litilrede holds a messuage and 5 roods, rendering 2s., 3 hens and 40 eggs annually.

William son-in-law of Ellis: a messuage and 5 roods, 2s. 6d., 3 hens and 40 eggs.

Robert the clerk: a messuage with a yard and 5 roods, 2s. 8d., 5 hens and 40 eggs.

Alice de Neuby: a messuage and 2½ acres, 5s., 4 hens and 40 eggs.

John the shepherd: a messuage and 5 roods, 2s. 6d., 3 hens and 40 eggs.

Adam s. Michael: a messuage and 5 roods, 2s. 6d., 3 hens and 40 eggs.

Eufemia: a messuage and 3 roods, 2s., 2 hens and 40 eggs.

Richard [*interlined over* Thomas, *cancelled*] Crokebain, for the land he holds, 13s. 4d.

Thomas the apparitor: a messuage and 10 acres of land and meadow, 11s. 6d., 3 hens and 40 eggs.

Thomas Pulgose: a messuage and 4 acres, 8s., 3 hens and 40 eggs[1].

[p.531] John Horn of Hayton: a messuage and 9 acres, 6s. 8d.

Demesne lands with court and vicar[age?], 20s.

Total, £4 9s. 6d.

[1 Below are notes (partly rubbed): '. . . 8s. 6d. remitted by Sir J[ohn] de Bourd from the servile (*ser*'?) tenants of Aspatria.
. . . . 15d. from Adam de Alenbrigg' for the lord's goodwill.']

ELLEN BRIDGE

John de Alenbrig' and Adam his son hold the bishop's land there, 30s.[1]

Land in Oughterside demised to Richard Crokebayn, 3s. 4d.

[2]He owes a mark for land which W. Plumelond once held. Another half is held by Thomas the apparitor and Roger the reeve.[2]

Total, 33s. 4d. [*cancelled*]

[1 Total amended to 40s.
2-2 Inserted in another hand.]

UPMANBY

Adam Swart holds a messuage, and makes a suitable house, and 4 acres and a rood, rendering 7s. 2d., 2 hens and 40 eggs.

Thomas de Moser: 3 messuages and 3 acres, 5s., 6 hens and 60 eggs.

Robert Lenelof': a messuage and 2 acres, 4s., 4 hens and 40 eggs.

John s. Stephen: a messuage and an acre, 22d., 2 hens and 20 eggs.

Robert de Claxton renders for the rent of assise, 1d.

Total, 19s. 1d. [*cancelled*][1]

[1 Followed by a later note: 'and about these names the reeve has a rental, and Thomas the apparitor'.]

Sum total for Aspatria, Ellen Bridge and Upmanby, £7 23d. [*cancelled*].

PENRITH

Alexander s. Lambert holds a messuage, 2s. 6d.
William s. Maud: a messuage, 3s.
The same William: a bovate, 7s.
William de Crosseby: a messuage, 3s. 4d.
The same William for his land, 3s. 6d.
Pernell wife of Thomas Palfrayman: a messuage, 3s. 4d.
The same for her land, 3s. 6d.
Robert Forster: a messuage, 7s.
The same Robert for his land, 14s.
Joan de Clifford: a messuage, 5s.
Adam son-in-law of Juliana Coli: a messuage, 3s.
The same Adam for his land, 7s.
John Corri: a messuage, 3s.
Reginald Spenser: a messuage, 5s.
John Leche: 2 messuages, 2s. 6d.
The same John for his land, 7s.
Henry de Crak[en?]thorp: a messuage, 5s.
Gilbert Coli: a messuage, 15d.
William de Kirkland: a messuage, 15d.
Ralph Skynner: a messuage, 3s.
Thomas de Merghamby: a messuage, 5s.
William Honter: 2 bovates, 5s.
John Storer: a rood at *Mikilgill*, 3d.; land called *le flat*, 10s.; land at Catterlen, 5s. (total, 15s. 3d.).

Total, £5 15s. 5d.[1]

[1 Followed by later note: 'Gilbert Dunsay has a rental about these.']

Land at Newton R[eigny] renders 13s. 4d. *p.a.*
[Rent?] of a vaccary by *Petrelwra*, 3s.

[Added, indistinct note: 'Thus far are shown the bishop's temporalities in his diocese of Carlisle. The total for the preceding temporalities [is] £153 . . .']

APPENDIX

Here follow full original texts of 66 entries summarised in Volume I and a short example from the rental (no.843) earlier in this volume. Transcripts are shown under the same numbers as their summaries. Additional information supplied in notes with summaries is not repeated here, where any notes concern only textual issues; they are given after last lines of transcripts. It is hoped that readers will be pleased that summaries and transcripts are in different volumes and thus easier to collate.

Transcripts are preceded by references to pages of the manuscript where texts begin, followed by headings (if any) in capital letters. All words have been extended. When 'i' and 'u' are consonants they are rendered as 'j' and 'v'. In dates, years are reduced to capital roman numerals. The editor is also responsible for capital letters and punctuation.

29

[p.258] Edward par la grace de Dieu roy Dengelter seygnur Dirland et ducs Daquitain al honorable pier en Dieu par la mesme grace evesque de Kardoyl salutz. Pur ceo que nos messagers qui sunt par devers le roy de France nous unt certifiez par lour lettres comment ils sunt acordez sur certeyne po[intz][1] o le dit roy de France et son conseil sil ples a nous, et nous unt auxint mandez qil convient qils eient hastifment cert[eyn][1] respons de nous santz atendre nul parlement. Sur queus respons fair nous voulons avoir conseil et avis de vous prelatz et dautres grantz de nostre r[i]oalme. Vous mandoms et chargoms sur la fay et lamiste[2] que vous nous devez, que toutes excusacions cessantz, soiez a nous a Westm' le Joedi proscheyn devant la fest de Lannunciacione nostre Dame proscheyn avenire pour nous aviser et conseiler sure la busoyngne avantdite. Et ce ne lessez si com[3] vous amez lonour et le profit de nous et quiete et pees de nostre ro[i]alme, et de escheure les grantz perils que par cas purront avenir si nous ne faciouns hastifment covenable respons sur les buscoygnes avantditz. Done souz nostre prive seal a Otteforth le viij jour de Mars lan de nostre regne [quint].[4]

[1] Lost by rubbing.
[2] MS. *la* – (next line) *miste*
[3] MS. *cum*
[4] Rubbed out (see Vol.I, p.vii).]

54

[p.262] LITTERA CONFIRMACIONIS FACTA RELIGIOSIS DE JEDWORD SUPER APPROPRIACIONE ECCLESIE DE ARTURETH. Universis Christi fidelibus hoc scriptum visuris vel audituris Johannes permissione divina et apostolice sedis gracia episcopus Karliolensis salutem in domino. Noverit universitas vestra nos inspexisse cartas religiosorum virorum abbatis et conventus monasterii de Jedword supra ecclesia de Artureth, ex quarum inspeccione nobis constat evidenter jus patronatus dicte ecclesie de Artureth eisdem religiosis fuisse datum et concessum per nobilem virum Turgisum de Russedale tunc verum patronum dicte ecclesie ut publice habebatur, ac postmodum per bone memorie dominum Hugonem Karliolensem episcopum predecessorem nostrum de consensu capituli sui eandem ecclesiam eisdem religiosis in puram et perpetuam elemosinam fuisse collatam et appropriatam; quamquidem ecclesiam a tempore appropriacionis ut premittitur eis facte cum decimis et fructibus spectantibus ad eandem ecclesiam dicti religiosi pacifice usque ad guerram motam inter regna Anglie et Scocie tenuerunt et possiderunt, a qua possessione ex turbacione pacis inter regna predicta fuerunt ejecti, et ad dictam ecclesiam [fuerat][1] presentatum per dominum regem Anglie, et facta inquisicione super vacacione dicte ecclesie prout moris est fieri in talibus presentatoque ejusdem domini regis admisso per loci diocesanum quatenus de facto subsistere potuit presentacio predicta. Demum pace reformata inter regna Anglie et Scocie supradicta, advocacionem dicte ecclesie qui prius habuerunt per dominum regem Anglie recuperarunt. Nos vero dictis religiosis in suo jure deesse nolentes set sua jura quatenus poterimus fovere affectantes, predictam ecclesiam de Artureth cum decimis et fructibus spectantibus ad eandem a predecessoribus nostris eisdem rite collatam et appropriatam eisdem religiosis et monasterio suo antedicto tenore presencium confirmamus ratificamus et approbamus, ac defectum quemcumque siquis reperiri poterit in aliqua parte instrumentorum nobis exhibitorum super appropriacione seu assecucione ecclesie predicte seu ipsam contingentibus quatenus ad nos pertinet in hiis scriptis auctoritate nostra pontificali ex certa sciencia supplemus, sequestrum autem fructuum ejusdem ecclesie per nos factum tenore presencium relaxantes et ammoventes. In cujus rei testimonium sigillum nostrum presentibus duximus apponendum. Datum apud Horncastr' tercio die mensis Junii anno domini MCCCXXX[primo et nostre consecracionis septimo][2].

[1 Word lost by staining of margin.
 2 Rubbed out.]

77

[p.268] LITTERA CONVENTUS KARLIOLENSIS DIRECTA DOMINO . . EPISCOPO KARLIOLENSI. Venerabili in Christo patri ac domino suo domino Johanni miseracione divina et sedis apostolice gracia episcopo Karliolensi sui filii humiles et devoti frater Rogerus supprior ecclesie sue cathedralis et ejusdem loci capitulum salutem cum debitis obediencia reverencia et honore. Cum sacrosancta Romana ecclesia omni digna reverencia et honore sit commune presidium lumen et speculum singulorum et maxime virorum ecclesiasticorum qui tanquam ad matrem confugiunt ad eandem ut sibi umbra alarum ejus protegant, ipsi merito omne genu flectatur et obedire tenentur singule naciones, tanquam proprie matri que diligit justiciam et servat misericorditer equitatem. Nosque, reverende pater, filii vestri in Christo humiles et devoti attendentes per litteras sanctissimi patris nostri et domini domini Johannis summi pontificis bullatas nobis nuper directas et puplicatas vos in episcopum nostrum prefici et pastorem, de quo ineffabili gaudio corda nostra letantur et reflorere incipit caro nostra pro eo quod piam paternitatem vestram habere promeruimus, quam super aurum et thopazion reputamus cariorem et prebare vestre dilectionis affectata presencia recreari. Nempe scimus firmiter et cognoscimus quod vestre dominacioni talia non sunt per nos exhibita merita et obsequia ut deceret, et quod nullum de nostris misimus ad vos post consecracionem vestram ut vobis applauderet, ista vice nobis si placet propter ignoranciam [1]vestram longinquam absenciam nobis in multis hactenus tediosam[1] ignoscere dignemini propria bonitate, et que vobis mittimus expedienda paterno affectu dignemini effectum mancipare. Ad ecclesie sue regimem conservet vos altissimus per tempora prospera et longeva.

[1-1 These words seem to be misplaced.]

121

[p.249] FORMA OBEDIENCIE ARCHIEPISCOPO EBORACENSI PRESTITE. Ego frater Johannes de Kirkeby, electus confirmatus in episcopum consecrandus, ab hac hora in antea fidelis ero ecclesie Eboracensi ac vobis patri domino W[illelmo] dei gracia Eboracensi archiepiscopo Anglie primati ac successoribus vestris canonice intrantibus. In consilio aut facto contra ecclesiam Eboracensem unde ipsi ecclesie dampnum seu quodcumque prejudicium provenire possit non ero. Consilium honestum quod mihi per vos, per nuncium aut litteras, manifestaveritis[1] nulli [pandam] ad dampnum vestrum vel ecclesie Eboracensis. Statuta vestra juri conveniencia observabo, defendam et subditos meos quantum [in me possit] observari faciam. Ad citaciones vestras legitime vocatus veniam nisi canonico impedimento fuero impeditus. Vobis et ministris vestris ac successoribus vestris canonicam obedienciam promitto et me et ecclesiam meam Karliolensem vobis et [successoribus vestris] [p.250][2] ac ecclesie vestre Eboracensi subesse tanquam archiepiscopo meo et ecclesie metropolitice, cui est ecclesia Karliolensis et fuerat ab antiquo subdita et suffraganea, pro me et successoribus meis et ecclesia mea Karliolensi recognosco et palam coram vobis [et] omnibus fateor in hiis scriptis. Possessiones ad mensam episcopalem Karliolensem pertinentes indebite non vendam neque alienabo neque impignorabo neque de novo infeodabo, irrequisito consensu vestro et successorum vestrorum archiepiscoporum Eboracensis ecclesie, [et?] dispersa ac indebite alienata pro viribus revocabo. Ecclesiam Eboracensem per me vel nuncium annis singulis visitabo. Et me omnia premissa fideliter observaturum juro. Sic deus me adjuvet et hec sancta dei evangelia. [p.251][2] Et hec propria manu mea subscribo.

[1 MS. *mihi manifestaveritis*
2 In bottom margin.]

183

[p.299] LITTERA MISSIVA. Reverende religionis viris dominis . . priori et capitulo ecclesie nostre cathedralis Karliolensis Johannes permissione divina ejusdem ecclesie Karliolensis episcopus salutem graciam et benediccionem. Innumerosam beneficiorum percepcionem quam de vobis multociens sumus[1] experti, affeccionem eciam specialem quam de solite benignita[p.300]tis vestre affluencia erga nos hucusque ostendistis memorie recommendantes, sperantes firmiter quod de nobis et statu nostro prospera libenter audiretis. Hinc est quod negocia nostra quin pocius vestra nos et statum nostrum concernencia, que diucius in curia Romana sub incerto pendebant indecisa, per dominum nostrum summum pontificem et venerabilem cetum[2] sacre Romane curie cardinalium sunt expedita, qui tamen domini cardinales pro labore suo circa expedicionem negociorum hujusmodi impenso retribucionem prout justum est expectant condignam. Et licet pro remuneracione sufficienti talis benevolencie et gracie tantorum dominorum cor et mentem una cum pecunia quam ad presens ad manus habemus apponere vellemus, sumptus tamen in hac parte necessario faciendi nobis deficerent. Vos ergo qui nostrum estis refugium speciale requirimus attencius et rogamus quatinus cum venerabilis in Christo pater dominus Willelmus dei gracia Eboracensis archiepiscopus Anglie primas nobis ducentas libras sub securitate, videlicet tali quod tam vos quam nos et quilibet nostrum in solidum recognosceremus et recognosceret se in tanta summa pecunie eidem patri teneri certis terminis infra biennium a tempore muneracionis ejusdem restituenda, pro expedicione negociorum supradictorum mutuare promisit; hujusmodi obligacionem sub securitate seu obligacione, quam pro indempnitate vestra in premissis ordinare volueritis, pro nobis graciose subire velitis, in hiis et aliis que vobis dicet ex parte nostra dominus Willelmus de Hurworth confrater noster[3] presencium bajulus fidem credulam adhibentes. Quid autem in premissis faciendum duxeritis una cum ceteris voluntatis vestre beneplacitis nobis per litteras vestras indilate si placet intimetis. Ad honorem ecclesie sue sancte conservet vos altissimus per tempora feliciter in domino successiva.

[[1] MS. *fumus*
[2] *i.e.* coetum.
[3] Apparently *sic*, although *vester* would also be appropriate.]

193

[p.278] LITTERA PRO SCOLIS HABENDIS. Johannes permissione divina episcopus Karliolensis dilecto in Christo filio magistro Willelmo de Salkeld clerico salutem graciam et benediccionem. Summo cupientes desiderio scolarium et litterarum studio insistencium nostris temporibus procurare profectum, confidentesque de tua prudencia et pericia quibus in talibus a multis multipliciter commendaris, te magistrum scolarum nostrarum Karlioli constituimus et curam scolasticam tibi pro beneplacito nostro duraturam conferimus in eisdem. Datum apud Rosam iiij[to] idus Septembris anno domini MCCCXXXIII° et nostre conscracionis secundo.

[The following text is on the strip facing p.423 (see Vol.1, p.viii).]
Johannes etc. dilecto nobis in Christo etc. De tuis circumspeccione et industria
gerentes in domino plenam fidem, curam et regimen scolarum cantus [1]et
discipline psalteriorum[1] in civitate Karlioli tibi soli et insolidum [1]usque ad
nostre voluntatis beneplacitum[1] per presentes committimus, ceteris
quibuscumque [de eisdem quomodolibet intromittendi][2] facultatem [1]in
talibus[1] omnimodam penitus abnuentes[3] aceciam inhibentes ne de eisdem
quocumque colore exnunc se intromittere quomodolibet presumant. Datum
etc.

[1-1] Interlined.
[2] Cancelled.
[3] MS. *adnuentes*]

226

[p.303] NOTA DE UNO CAPELLANO INVENIENDO IN HOSPITALI SANCTI
NICHOLAI EXTRA CIVITATEM KARLIOLI. Universis Christi fidelibus ad quos
presens scriptum pervenerit Hugo de Morevilla salutem. Noverit universitas
vestra me dedisse concessisse et hac mea presenti carta confirmasse deo et
hospitali sancti Nicholai extra civitatem Karlioli et fratribus infirmis ibidem
commorantibus et deo servientibus in puram et perpetuam elemosinam, pro
salute animarum[1] patris et matris mee et anime Hugonis de Cressy et pro
salute anime mee et sponse mee et omnium antecessorum et successorum
meorum, unam carucatam terre in villa de Hoff' de dominico meo per has
dimensas, sicut magna via extendit de Askeby usque Appelby, et sicut sicus
decendit in Querledale[2], et inde sicut fossatum extendit de Broghanes[3], et ita
per capita de Broghanes superiora usque in rivulum de Hoff', et ita per
rivulum illum usque ad sicum qui est inter Hormeshevet[4] et Hoff', et unam
e[s]chalingam inter homines meos de Drybeke[5], tenendas libere quiete
honorifice et integre sicut aliqua elemosina liberius et quietius teneri possit,
cum omnibus libertatibus pertinenciis et aisiamentis ville de Hoff' pertinentibus, in communi pastura vel bosco, in plano, in viis, in semitis, in pratis,
in pascuis, in stagnis, in molendinis, in moris, in mar[i]scis, quietas de
pannagio et multura[6] ad molendinum meum, liberas ab omni servicio
consuetudine et seculari exaccione. Preterea dedi et hac presenti carta mea
confirmavi predicto hospitali in puram et perpetuam elemosinam Ricardum
fabrum de Burg' cum tota sequela sua et terram quam dictus Ricardus tenuit
in villa de Burg' cum omnibus libertatibus pertinenciis aisiamentis ville de
Burg' pertinentibus; et preterea xl s. de terra Willelmi filii Derman [in]
Thurstanfeld et dimidiam marce de Ricardo filio Hanketini de firma
molendini de Kirkebride, et quinque solidos de firma terre dominicane[7], et
tres solidos de firma terre Hervy fabri, et iiij d. et tres solidos de firma terre
Willelmi filii Galfridi, et quinque solidos de firma terre Elie et Raboti filiorum
Elfstan, et preterea unam salinam cum pertinenciis proximam salinis
Michaelis filii Walteri. Has predictas terras et hanc predictam elemosinam ego
predictus Hugo de Morvill' et heredes mei manutenebimus [et] war-
antizabimus predicto hospitali in puram et perpetuam elemosinam. Et
predicti fratres ministrabunt [redditus?][8] uni sacerdoti imperpetuum qui

divinum celebrabit officium pro salute omnium fidelium, et suscipient tres fratres infirmos imperpetuum sustinendos juxta facultatem predicti hospitalis in plena [sustentac?]ione a[d] presentacionem meam et heredum meorum per consensum magistri et fratrum ejusdem hospitalis. Inde precor omnes amicos meos et parentes quod protegant et manuteneant predictos fratres et omnes possessiones eorum. Testibus Thoma filio Patricii, Radulpho de Laferte[9], Radulpho[10] de Bello Campo, Hervy de Yreby, Reginaldo de Karl', Ricardo de Neuton, Roberto filio Ade, Roberto de Levyngton, Waltero clerico, Ricardo de Levyngton, Gileberto filio H. Ketel, Roberto filio Ricardi filii Kater[ine?], et multis aliis.

[In margin below is drawing of pointing hand and cuff, and *De capellano inveniendo* (etc., as above) repeated.

[1] MS. *animis*
[2] cf. Quarrellbank (A.H. Smith, *The Place-Names of Westmorland* (E.P.N.S., 1967), II.101.
[3] Burrells (ibid., II.98).
[4] Ormside (ibid., II.89).
[5] Drybeck (ibid., II.98).
[6] MS. *quiete et pannagium et multuram*
[7] MS. *dominicani*
[8] MS. is very feint.
[9] Ralph de la Ferte, lord of Bowness on Solway, who witnessed other charters by Hugh (*Register of Holm Cultram*, 6).
[10] *Recte* Roger(?). Roger de Beuchamp also witnessed some of Hugh's charters (J.M. Todd, 'The Lanercost Cartulary', II. 48–50, 53).]

244

[p.310] PETICIO PRO TERRIS IN SCOCIA. A nostre seignur le Roi et a son counseil monstre le soen chapeleyn John' evesqe de Kardoill que come nostre seignur le Roi Edward aiel a nostre seignur le Roi qore est dona certeynes terres a John' de Halghton a cel temps evesqe de Kardoill et a la eglise de nostre dame de Kardoill et as successours le dit evesqe, sicome piert plus pleynement par la chartre le dit Roi de la quele le transcript est attache a ceste petitione, et de queles terres le dit John' evesqe de Kardoill esteit seisi paisiblement come du droit de sa eglise ensi acru par cel doun tantque il fust engette par sire Robert de Bruys, de quei le dit John' ore evesqe de Kardoill ad sui devaunt ces hures au Roi Descoce pur les dites terres reavoir, et le dit Roi Descoce li mist touz jours en bon espoir tant come les terres furent de deinz sa seignurie, et ore les dites terres sount devenuz en la seignurie le Roi Dengleterre qore est, pur que le dit John' evesqe de Kardoill prie a nostre seignur le Roi et a son bon counseil qil voile si li plest avoir regard a la devocioune et au doun de son bon aiel et graunter au dit John' evesqe de Kardoill et sa eglise du dit lieu et as ses successours les dites terres avant nomez solom la purporte de sa chartre, et si y seit avis a nostre dit seignur le Roi et a son counseil que le dit evesqe face plus pur les dites terres que nad este fait devaunt ces hures, ceo qest avis au dit nostre seignur le Roi et a son counseil le dit evesqe le ferra a son poer.]

[The offer of additional services was accepted on 10 July 1335, at Carlisle, when Kirkby was engaged with 40 men-at-arms for Edward's campaign in Scotland (H. Summerson, *Medieval Carlisle*, Cumberland and Westmorland Antiquarian and Archaeological Society, Extra Series XXV (1993), I.265).]

262

[p.314] Propter grave scandalum et murmur exortum in populo ex familiaritate nimia[1] et suspecta inter te et dominam Aliciam de Culwen monialem, omnem accessum confabulacionem et tractatum mutuum in personis propriis vel per personas interpositas extunc tibi interdicimus in hiis scriptis, sub pena C marcarum quam exnunc tibi inponimus si contraveneris in hac parte.

Memorandum quod xij° die mensis Julii anno domini MCCCXXXIV° indictione secunda in camera domini Johannis de Kyrkeby dei gracia Karliolensis episcopi apud Penreth factum fuit istud interdictum sub pena suprascripta per dictum episcopum magistro Willelmo de Kendale archidiacono Karliolensi tunc ibidem personaliter presenti dictumque injunctum acceptanti, presentibus magistro [Roberto] de Suthayk' officiale Karliolense et me Johanne de Hakthorp clerico notario publico.

Et ego Johannes de Hakthorp publicus auctoritate apostolica notarius hic me subscripsi. I.J.[2]

[1] Interlined by another hand (Hakthorp's?) over cancelled *injuria*.
[2] A separate line written by a different hand. The reading of the final initials is uncertain. There appear to be two dots; otherwise an 'H' might be suggested.]

362

[p.351] Venerabili in Christo patri et domino domino Johanni dei gracia etc. devoti sui .. abbas de Holm' .. prior et .. archidiaconus[1] Karliolenses salutem reverenciam et honorem. Receptis nuper vestre paternitatis litteris ut quibusdam appellacionibus in negocio provisorio Johannis de Skelton pauperis clerici super ecclesiam de Kyrkeland ad sedem apostolicam interpositis defferamus, sicut in litteris vestris predictis plenius continetur; sciatis, pater reverende, quod super hiis inter nos deliberavimus et placet nobis quicquid poterimus facere pro honore vestro et omnium vobis adherencium in hac parte, dummodo non incidamus in offensam et contemptum curie Eboracensis et domini nostri pape. Unde ad rogatum et reverenciam vestram et aliorum amicorum clerici vestri incumbentis in ecclesia memorata supersedere et cessare decrevimus ab omni execucione et publicacione ulteriori in negocio supradicto usque ad proximam sinodum vestrum Karl' celebrandam, et interim deliberabimus et capiemus viam et materiam faciendi dilacionem finalem appellacionibus antedictis, si hoc vobis et consilio incumbentis videatur expedire. Vellemus enim libenter exire a toto ipso negocio propter fatigaciones nostras multimodas et dignaciones vestras et alias quas ex utraque parte cotidie sustinemus, sed melius est nobis incidere in manus hominum quam in manus dei et pape.

Paternitatem vestram conservet altissimus ad ecclesie sue regimen et munimen.

[¹ MS. *prior .. et archidiaconus*]

381

[p.358] Reverendis viris et dominis domino thesaurario et baronibus de scaccario domini nostri regis Johannes permissione divina episcopus Karliolensis salutem gaudium et honorem. Scripsistis nobis de pecunia decime populis nuper imposite vobis ad opus dicti domini regis persolvenda. Verum quia audito dudum rumore in diocesi nostra de revocacione dicte decime, multi cessarunt in solucione ejusdem, et nunc clerus noster dispersus est diversimode propter timorem invasionis Scotorum in marchiam nostram, ita quod dictam decimam non possumus exigere et levare tam subito ab eisdem; sed cessantibus istis turbacionibus, dictam pecuniam levare faciemus et eam vobis plenarie sicut scribitis transmittemus. Valete diu et bene in omni gaudio et honore. Scriptum Karl' xxvj die Junii.

382

[p.358] Willelmus permissione divina Eboracensis archiepiscopus Anglie primas venerabili fratri domino Johanni dei gracia Karliolensi episcopo suffraganeo nostro salutem et sincere dileccionis continuum incrementum. Affectantes intensis desideriis quod inter prelatos ecclesie pacis tranquillitas vigeat, fervor caritatis estuet, invalescat concordie unitas et animorum ydemptitas perseveret; pro honorabili viro magistro Willelmo archidiacono ecclesie vestre Karliolensis decretorum doctore, quem occasione execucionis cujusdam mandati apostolici in negocio provisorio sibi directi cui ipsum parere necessario oportebat vestram indignacionem intelleximus incurrisse, amiciam vestram intimius quo possumus exoramus quatinus si velitis rancorem siquem erga eum eo pretextu habetis seu eciam aliunde hujus nostri rogatus intuitu remittere graciose, et ipsum vel suos circa exercicium jurisdiccionis sue ex causa hujus nullatenus inposterum inpetere vel molestare quesitis coloribus seu turbare; retenti memorie si libeat commendantes quanto solicitudinis et dileccionis fervore negocium eleccionis vestre penes nos promovit et ad effectum benedicto altissimo perduxit optatum, quodque non expedit neque decet quod inter vos et ipsum honorabilem vestri corporis membrum dissensiones rancores lites et odia excrescant, quibus incumbit ex officii debito in carita[te] sincera et pace solida aliorum animos confovere. Dignetur eciam vestra dileccio nobis cara siquid contra ipsum vel ministros suos ex levitate quadam in dampnum ipsius attemptatum fuerit seu de novo voluntarie usurpatum precipere reformari. Rescribentes nobis qualiter et in quibus condescendistis super hiis favorabiliter votis nostris. Ad commissi gregis regimen vos diu conservet incolumem Jesus Christus. Datum etc.

409

[p.365] Salutem gaudium et honorem. Miramur ultra modum de eo quod provisor ille J[ohannes] de Skelton in appellacione sua frivola nuper ad curiam Eboracensem tuitorie interposita optinuit tuicionem et reformacionem possessionis ecclesie de Kyrkeland de qua agitur, cujus possessionem ipse nunquam habuit sed semper extra omnem possessionem ejusdem extitit, sicut toti patrie notum est et notorium. Et quia negocium ipsum cordi summe habemus nostrumque prejudicium principaliter vertitur in hac parte, supplicamus vobis corditer et attente quatinus aliquas remedii vias pro salvacione tam juris nostri quam ipsius incumbentis excogitetis, per quas nobis possit consuli et succurri, et vestram super hiis informacionem ac consilium nobis per latorem presencium rescribatis; in hiis et aliis negociis nostris vobis ex parte nostra dicendis per eundem fidem sibi certam ulterius adhibentes. Valete in omni felicitate et honore.

410

[p.365] Venerabili in Christo patri et domino reverendo domino W[illelmo] etc. devotus suus J[ohannes] etc. obedienciam etc. Cum simus vestri vesterque suffraganeus immediatus, vestra ex hujusmodi confidencia speramus suffragia et favores. Verumtamen hec in ministris curie vestre Eboracensis non satis per omnia invenimus, nam in negociis nostris coram eis contingentibus semper proni sunt contra nos sua exasperare judicia et decreta, sicut alias si recolitis vobis exposuimus, et hec ob reverenciam vestram hactenus sustinuimus et sustinere volumus quousque majoris favoris graciam nobis in dicta curia vestra jusseritis faciendam, prout portitor presencium hec in factis ipsis plenius poterit explicare, cui si placet audienciam dare[1] debitam et fidem in hiis credulam dignemini adhibere. Valeat paternitas vestra reverenda diu in domino permansura.

[[1] Interlined.]

413

[p.366] Edward par la grace de Dieu roi Dengleterre seignur Dirlaunde et ducs Daquitain a honorable pier en Dieu John par meisme la grace evesque de Kardoill salutz. Come nous vous eyons mandez par briefs sur nostre grant seal, que vous eussez a Noef Chastel sur Tyne a lendemayn de seint Andreu procheyn avenir dys hommes darmes daler dyloeques vers les parties Descoce ov[ec] noz chers et feals monsire Richard count Darundell et monsire William de Mount Agu counte de Salesburs', queux nous avioms ordeinez et deputez chieftayns et dustres[1] de nostre hoste que nous envoioms [a] celes parties pur reboter la malice de les Escoce noz enemys, qui plusours foiz denovel sount entrez nostre realme et noz autres terres en les parties Descoce et ount fait arsouns et destrucciouns et autres maus a nous et a nostre poeple illoeques, sicome plus pleynement est contenuz en noz ditz briefs; et pur ceo que nous

avioms ceste busoigne sovereynment au quoer, et vous par vostre ligeaunce
estez tenuz de y mettre eyde ovesqes nous et autres de nostre realme pur
defense dycele encountre tieux enemyables envasyouns, et pur eschure
excusacions si nuls en caas vodriez fere par cause de brief garnisement ou pur
autre colour de les avoir au dit jour; si voloms nous que si vous ne les purriez
avoir en la manere susdite as ditz jour et lieu, et que lour venir illoeques seit
tout en certayne que vous eyetz ov[ec] voz dites gentz darmes a tot le meyns
bien et nettement apareillez ove[c] chyvaux et armes a la dite vile de Noef
Chastel le jour de seint Nicolas procheyn suiante sanz nul jour outre de
delaye, maundanz a vous en la foie et la ligeaunce que vous nous devez et
sicome vous amez nous et nostre honor et defense et salvacioun de nostre
realme, totes excusacions et delayes cessantz, que vous eiez voz dites genz au
dit lieu au jour de seint Nicolas susdit en la manere avantdite daler de
illoeques ovesque les ditz chieftayns devers les parties Descoce en defens de
nostre realme et destruccione de noz enemys susditz, et de cele certeyn qils
prendrount de nous, nous les ferroms fere due et preste payement come afert.
Et vous fesoms asavoir que par cause que plusours avant ces h[e]urs qui
deussent avoir venuz par noz maundemenz vers celes parties en la manere
susdite, ne y vindrent mye, et autres qui vendrent retournerent sanz congee,
par queil lesplete de noz busoignes [en] celes parties ad este sovent arerez, a
grant despit et esclaundre de nous et de tout nostre realme et grant peril de
nostre corps et des grantz qui furent entour nous et auxint de mesme nostre
realme; si avoms nous chargee de bouche et comaundee en presence de ceux
de nostre counseil a les ditz countes et chescun de eaux, que en la foi et la
ligeaunce qils nous deyvent et sanz avoir regarde de persone de quele esteit
qils seit, nous certifiount de temps en temps des nouns de ceux qui ount en
maundement ou qui sount esluz et araiez destre au ditz jour et lieu et ne
venent pas adonques, et auxi de ceux qui venent et retournent sanz congee; si
que nous eit certifiez, les puissoms faire par sure prendre et punir come ceux
qui sount nyent obeisaunt a noz maundemenz et deguerraunz lure foi et
ligeaunz a nous dues et destourbeours del esploit de noz busoignes et des
busoignes de nostre roialme, si que touz autres prendrount de ceo ensaumple
de sei bien et lealment porter devers nous en temps avenir. Done souz nostre
prive seal a Thame le tierz jour de Novembre lan de nostre regne unszyme.
[1 Cf. the Latin 'capitaneos et ductores' in the earls' commission (*Rot. Scot.*, I.503).]

416

[p.367] Venerabili in Christo patri domino reverendo domino W[illelmo] etc.
devotus suus etc. Litteras dominacionis vestre porrexit nobis nunc et alias
archidiaconus noster Karliolensis exortatorias pacis et concordie super
quibusdam questionibus et querelis inter nos alias agitatis, quibus exortacion-
ibus vestris tanquam justis et honestis ac utrique parti commodiferis et nobis
preceptoriis dignissime duximus obedire. Et habito super hiis inter nos
tractatu aliquo breviori propter occupaciones nostras tunc ingruentes sub
exspectacione temporis oportunioris, promisimus et parati fuimus hec ad
vestram reverenciam adimplere. Verum archidiaconus ipse nescimus quo
ductus spiritu inter hec subito a via recessit electa, et quasdam novas

discensionum [causas]¹ materias cumulando provocaciones et appellaciones citaciones et inhibiciones ex parte curie vestre nobis sub testimonio multorum presentavit et pertinaciter innovavit, facto suo significans se lites magis appetere quam amorem; cum tamen ab eo nichil extraneum seu insolitum sed quod ad nostrum manifeste spectat officium exigamus, videlicet ut sciamus quo jure tenet duo beneficia curata et jurisdiccionem episcopalem contra jus commune sibi vendicat et attractat. Vestram igitur dominacionem devocius exoramus quatinus in hiis et aliis statum nostrum contingentibus coram ministris vestris in curia, quia de vobis satis confidimus, graciam² et favorem debitas et saltem communem justiciam invenire possimus, et nobis nullatenus imputetis si contra instancias et occasiones quesitas dicti archidiaconi nostri jus et jurisdiccionem nostram et ecclesie nostre per viam racionis et justicie sicut nostro incumbit officio defendamus et eventum quem possimus juxta juris exigenciam capiamus; latori presencium si libeat ulterius adhibentes et que nobis sunt placita remandantes. Ad regimen ecclesie sue sancte conservet vos dominus diu et prospere in omni reverencia et honore.

[¹ Cancelled by underdotting.
² MS. *in graciam*]

423

[p.368] Edward par la grace de Dieu etc. al honorable piere en Dieu etc. Nous avoms bien entenduz vostre bon port et le grant diligence que vous avez mys a la rescous de nostre chastel de Edenburgh, dount nous vous ensavouns especialment bon gree, et vous prioms que ceo que vous avez si bien comence, voillez continuer en la melioure manere que vous purrez pur nostre honur et le vestre sauver. Et pur vous meuz reconfortier sur vostre bon port envoions procheinment devers vous, sicome nous vous avoms autre foiz escript par noz lettres, noz chers et foiax les countes Darundell et de Salesbur' et autres grantz, qui par leid et counseil de vous mettront lur poiar de faire le bien qils purront sur lesploit de nostre guerre vers celes parties, as queux vous prioms que vous voillez estre entendauntz quel h[e]ur qils vendrount, et en le myen temps entendre entierement a la sauve garde de noz marches Descoce. Et ne vous semble longer de lur venue car ils se hastent tant come ils purront. Done souz nostre privee seal a Aldremanston le primer jour de Decembre lan de nostre regne unszyme.

426

[p.370] Treshonores seignurs. Nous resceumes voz honorables lettres la veille de Nowell a Kardoill et avoms entendu la credence que monsire Randolf de Dacre nous dit depar vous, sur quei fesoms a savoir a voz seignuries que maundement navioms nul de nostre seignur le Roi autre que de maunder a Noef Chastel sur Tyne le jour de seint Nicholas d[ar]reyn passe dys hommes darmes, solenc ceo Sires que vous poez veere sil vous plest par la lettre du dit maundement, la quele Sires nous vous envoioms par nostre bien ame vadlet portur de cestes. A quel jour Sires nous y fusmes en propre persone de vous

avoir monstre coment nous avoms maundee au Tresorier pur nous faire
servir de ceo que due nous fust du temps passe, de quei Sires nous ne fusmes
pas servi adonques ne unqore ne fumes. Et a ceo Sires noz terres sount
nettement ars et destruz par les enemys Descoce, issi Sires que nous navoms
de quei du nostre a demurer en la marche ne de traveiller meismes de
guerre ne gentz maunder plus que nous navoms fait, dount Sires il nous
enpoise trop malementz et nomement pur la reverence de voz venues devers
les marches a ceste foiz, car Sires nous irrioms plus volenters ove vous que
ove nuls autres apres le corps nostre seignur le roi mesmes, si nous le
puissoms avoir fait en nule manere. E[t] ovesque ceo Sires nous avoms un
plee en le countee de Oxenford touchant le droit de nostre eglise ou il nous
con[v]ient estre dedeinz les ouet jours apres la Typheyne, et y eussoms estee
a ceste [foiz]¹ h[e]ur, sil ne fust pur attendre voz venues pur sauvacione de
la marche, auxi come le dit portur des cestes purra plus pleynement
monstrer a voz seignuries, a qi vous pleise Sires foi et credence doner. E[t]
nous pur excuse tenir a ceste foiz pur les causes susdites, car certeynement
Sires nous ne nous feignams de rien ne james ferroms devers vous des
choses que faire purroms a voz plesaunces. Treshonorez seignurs Dieu vous
donnoit honur et bon esploit. Escrit etc.

[¹ Possibly cancelled.]

432

[p.372] Sig[nifi]cat paternitati vestre reverende clerus diocesis Karliolensis
quod cum olim redditus et proventus beneficiorum ecclesiasticorum ipsius
diocesis in marchia Anglie in confinio regnorum Anglie et Scocie situate per
hostiles invasiones depredaciones et incendia ac per frequentem populi
Anglicani concursum ad marchiam illam pro debellando inimicis indies
confluentis fuerant taliter destructi¹ quod vix ad onerum incumbencium
sustentacionem poterant sufficere, ejusdem loci diocesanus propter destructiones hujusmodi supradictorum beneficiorum valore inquiri ipsaque
beneficia de novo fecit taxari, secundum quam taxam pro decima seu alia
qualicumque cota² qualitercumque et quandocumque currente per
quemcumque seu ad cujuscumque sive ecclesie Romane domini regis
Anglie vel alterius cujuscumque usum concessa seu imposita ab illo tempore
citra, videlicet per triginta annos et amplius, est satisfactum. Et licet eadem
adhuc duret predictorum beneficiorum exilitas, immo quod dolendum est
propter mala jam noviter per hostium incursus ibidem perpetrata majori
notorie subruuntur exilitati, collectores tamen procuracionum vobis
racione officii legacionis debitarum dictorum beneficiorum canonicos
possessores ad satisfaciendum de hujusmodi procuracionibus secundum
taxam ipsis beneficiis antiquitus, videlicet ante omnem destructionem
supradictam impositam, quod ut de residuo vivant ceteraque supportent
onera erit eis omnino impossibile³, preter et contra justam et sanctam
intenccionem vestram per censuras ecclesiasticas compellere nituntur.
Quare supplicat idem clerus quatinus ad oppressiones et destructiones
supradictas justicie et pietatis oculos convertentes, eisdem collectoribus
vestris per litteras vestras dare dignemini in mandatis quod a tam onerosa

et injuriosa hujusmodi exaccione cessent ipsasque procuraciones vestras exigant et levent secundum taxam novam supradictam.

[¹ MS. *destructa*
² scota?
³ MS. *inpossibile*]

457

[p.378] Venerabili in Christo patri etc. Eboracensi archiepiscopo etc. J. Karliolensis episcopus obedienciam reverenciam et honorem debitas etc. Pater et domine reverende, penes priorem de Repyngdon, ut litteram alias in littera vestra nobis transmissa inclusam in forma qua scripsistis consignaret necnon execuciones censuras et denunciaciones in vos officialem vestrum et ministros vestros quoscumque factas et promulgatas per eundem quatenus vos officialem et ministros vestros predictos in aliquo concernebant revocaret, cum instancia debita instetimus bona fide eundemque cum consilio nostro eidem causas diversas hujusmodi revocacionis faciende multipliciter exponente pulsavimus diligenter. Predictus tamen prior finaliter respondit prius tamen ad premissa facienda modis et viis allectivis per nos sepius inductus quod officialis curie vestre Eboracensis aliique ministri vestri ipsum, ut impedirent jurisdiccionem suam delegatam ac processum suum in negocio de Kyrkeland factum seu faciendum, excommunicatum tempore processus sui in hac parte facti extitisse predicarunt et divulgarunt eundemque excommunicatum propter non soluccionem duorum denariorum et oboli cardinalibus racione legacionis sue in Anglia debitorum, cum in veritate ut dicit in nulla pecunia eisdem tenebatur obstante apocha sua de soluto, fuisse et esse mandarunt et fecerunt publice et solenniter innodari; unde quousque predicti officialis et ministri facta hujusmodi scandalosa et injuriosa ut dicit revocaverint et publice nunciaverint, quiscumque eciam ex parte nostra seu alterius ad revocacionem suam predictam insteterit quovismodo nisi quatenus personam vestram reverenciam et ministros vestros concernint, officiali vestro excepto, dicit se nolle votis et supplicacionibus nostris annuere supradictis. Dignetur igitur vestra reverenda paternitas ex quo fecimus et curavimus quatenus vobis et vestris promisimus et potuimus nos in hac parte habere legitime excusatos.

468

[p.381] Venerabili in Christo patri et domino domino Willelmo dei gracia Eboracensi archiepiscopo Anglie primati Johannes ejusdem permissione Karliolensis episcopus obedienciam debitam cum reverencia et honore. Litteras vestras reverendas nuper recepimus continentes quod priorem de Repyngton solicite et efficaciter inducere curemus ut quandam inhibicionem vestro officiali ut pretenditur directam potestatem ejusdem officialis ligantem, ne appellacionem Johannis de Skelton ad curiam vestram Eboracensem ut asseritur interjectam examinet et discuciat, sub certa verborum forma in vestris litteris antedictis plenius expressa per suas litteras declaratorias satagat palliare, quod factum suum hujusmodi in vestrum aut curie vestre vel presidentis ejusdem prejudicium non redundet; quod eciam quid fecerimus de premissis vos citra instans festum omnium sanctorum reddamus cerciores. Nos vero vestris mandatis cum omni qua possemus industria ac promptitudine complacendi satisfacere volentes, dicto priori statim visis litteris vestris predictis litteratorie dedimus in preces et rogata ac ex corde et in forma in litteris vestris predictis contenta quatinus quodcumque factum suum vobis vel vestre curie aut alicui de presidentibus ejusdem prejudiciale cum cautela nobis per vestras litteras exposita, et ut eo uberius nos et ipse vestram paternitatem in nostris agendis sentire possemus graciosam quanto subtilius posset et scelerius curaret revocare et sanare, si quod foret illicite attemptatum. Et quamquam extunc nullas litteras responsorias optinuissemus ab eidem nec nuncius noster cum nostris destinatis sibi litteris adhuc fuerit aut sit reversus, officialis tamen curie vestre memorate nobis et nostris agendis sine deletu continue contrarius et nullo tempore benivolus vel benignus quod scivimus aut sentivimus ad quorumdam emulorum nostrorum quos dicitur notorie confovere promociones et instancias, pendente dilacione per proprias litteras vestras supradictas super responsione dicti prioris et nostra vobis per nos transmittenda citra festum omnium sanctorum predictum nobis concessa, intens ut videtur vestre indignacionis motum contra nos erigere revera sine merito quamplura nobis prejudicialia pariter et nociva contra deum et justiciam, non admissis excusacionibus nostris legitimis nec pontificali dignitati plus quam minimo laico, eciam in penis in aliquo parcendo, jam nuper in curia vestra supradicta ut refertur attemptavit et in prejudicium dilacionis adhuc pendentis supradicte. Et licet nostra temporalia Scotorum incendiis non semel sed sepius nostris temporibus in favillam et cineres conversa et redacta necnon vasto et dissipacione perpetuis in pluribus sint supposita, prefatus tamen officialis premissorum non ignarus afflictiones absque moderamine quocumque afflictionibus adiecendo satagens cumulare viis quibus potuit et injuriis, nostra spiritualia quibus eciam per suas injurias sepissimas quamplurimum derogatur ipsa, mediantibus aliis inimicis nostris capitalibus quos fovet manifeste in eorum proterviis, a nobis abdicare studet et in toto. Quapropter paternitati ac dominacioni vestris reverendis attencius supplicamus ac devote quatinus nostris oppressionibus et jacturis paterno compacientes affectu, et ut uberior in fonte reperiatur gracia et justicia plenior quam in rivulo, prefatum officialem super injuriis predictis corripere ac ipsum ut in posterum in nos et nostros non insurgat ad gravamen inducere dignemini graciose, alioquin non miretur vestra discreta et reverenda paternitas si pro nostra et juris nostre defensione viis et modis quibus poterimus sibi et suis maliciis succurramus. Ad laudem etc.

472

[p.383] LITTERA PROCLAMACIONIS PRO QUODAM CLERICO INCARCERATO. Johannes permissione divina Karliolensis episcopus dilecto filio decano nostro Karlioli salutem graciam et benediccionem. Quia Walterus de Ermythwayt nostre diocesis clericus alias in comitatu Cumbrie de morte Willelmi filii Radulphi Ermythwayt' extitit indictatus, quod idem videlicet Walterus dictum Willelmum felonice interfecit die lune proximo post festum conversionis sancti Pauli anno regni regis Edwardi tercii post conquestum decimo in Ermithwayt', cujus pretextu indictamenti idem Walterus captus fuerat per ministros regios seculares ac laicali custodie carcerali mancipatus, qui postmodum secundum privilegium et consuetudinem ecclesie Anglicane per justicios domini nostri regis ad liberandum gaolam comitatus predicti deputatos nostris ministris et commissariis ad recipiendum clericos dicte nostre diocesis in liberacionibus hujusmodi vice nostra interessentibus extitit liberatus et per eosdem nostros ministros carceri nostre deditus, diucius dinoscitur in vinculis et custodia nostra auctoritate inhibi esse detentus; nos ad indicendum clerico prenominato canonicam purgacionem de scelere supradicto sibi ut premittitur imposito et multipliciter ac cepius per eundem negato, necnon ad procedendum ad ipsius clerici liberacionem prout de jure privilegio et consuetudine sancte matris ecclesie fuerit procedendum si[1] ipsius liberacio ad forum pertinuerit ecclesiasticum, die et loco infrascriptis si sibi canonicum non obsistat per nos vel alios aut alium, certis legitimis de causis et ipsius precipue incarcerati diutina miseria et penis quas sustulit immerito ut refertur nos ad hoc moventibus volentes procedere cum effectu, tibi committimus et mandamus firmiter injungentes quatinus in ecclesiis foris et nundinis ac aliis pupplicis locis et congregacionibus comitatus supradicti diebus quibus magis expediet palam et publice proclames seu facias proclamari in genere quod illi quorum interest in hac parte aliqualiter et hii precipue qui contra purgacionem et liberacionem clerici antedicti prout convenit et ut est moris in hac parte faciendas quicquam proponere allegare seu probare voluerint quod ipsas purgacionem et liberacionem racionabiliter debeat impediri, quod die lune proximo post festum sancti Valentini proximo futurum in capella nostra de Rosa pro termino peremptorio, quem propter ipsius negocii qualitatem sic duximus statuendum, coram nobis aut nostris commissariis seu commissario in hac parte compareant et in expedicione predicti negocii intersint si sua crediderint interesse causam racionabilem si quam habeant proponendam quare ad ipsius clerici purgacionis recepcion- em et sui liberacionem juxta modum prenotatum (si idem clericus cum numero compurgatorum competenti in forma debita ac canonica possit et voluerit se in hac parte purgare et aliud canonicum sibi non obsistat) minime debeat in hac parte procedi in forma juris proposituri et cum effectu prosecuturi ac probaturi plene peremptorie ac precise et ulterius facturi ac recepturi in hac parte quod justicia suadebit. Ad hoc eciam per clericos comitatus predicti viros videlicet fidedignos ea occasione coram te convocatos super facto suprascripto predicto clerico imposito, an videlicet vehemens infamia ante ipsius detencionem in vinculis vel post inde fuerat aut sit suborta, necnon an dictum factum occultum fuerat vel notorium aut manifestum, an eciam idem clericus ad sui corporis defensionem vel tutelam ad evitandum proprie mortis periculum alias inevitabile seu se per industriam et insidias voluntarie eciam seu casualiter idem facinus perpetravit, necnon de modo et qualitate ac singulis circumstanciis facti prelibati diligenter inquiras. Et nos vel nostros in hac parte commissarios aut commissarium necnon de diebus recepcionis presencium proclama- cionis et inquisicionis per te factarum et quid per hujusmodi inquisicionem tuam receperis dictis die et loco cures reddere cerciores per tuas litteras patentes harum et facti tui seriem modum et formam ejusdem plenius continentes. Datum etc.

[¹ MS. *et*]

489

[p.391] COMMISSIO OFFICIALIS PRO JURISDICCIONE DOMINI EPISCOPI EXCERCENDA. Johannes permissione etc. dilecto nobis in Christo magistro R[icardo] de Rysyndon clerico officiali nostro salutem graciam et benediccionem. Licet ea que jurisdiccionis nostre existunt et ad forum ecclesiasticum et nos pertinent per tradicionem sigilli officialitatis nostre quod in commissione officii officialitatis predicte tibi nuper per nos generaliter facta dum te in nostrum prefecturi officialem tradidimus, omnium causarum et negociorum jurisdiccionis nostre ordinarie cognicio in te plenarie sit translata; volentes tamen tibi propter utilitatem causarum et negociorum nostre jurisdiccionis prefate et salutem subditorum nostrorum ac relevamen oneris nostris humeris incumbentis potestatem facere pleniorem, eciam in casibus sub generali concessione non cadentibus, ad inquirendum super excessibus quorumcumque subditorum nostrorum ac aliorum delinquencium in jurisdiccione nostra prefata et eciam super aliis super quibus convenit vel debeat de jure inquiri, necnon ad corrigendum et puniendum dictorum subditorum et delinquencium excessus quoscumque ac deprivandum et ammovendum rectores vicarios administratores et alios intitulatos ac ministros predicte jurisdiccionis nostre quoscumque a suis beneficiis vel administracionibus, cum ad privacionem et ammocionem eorundem racionabiliter fuerit procedendum, ceteraque omnia et singula facienda et excercenda que circa premissa vel eorum aliqua necessaria fuerint vel oportuna, tibi de cujus circumspeccione et industria fiduciam obtinemus pleniorem tenore presencium committimus vices nostras cum cohercionis canonice potestate.

490

[p.391] LITTERA DIRECTA PROCURATORI IN CURIA ROMANA. Karissime. Licet vobis propter agenda in curia hactenus dederimus de labore absque aliquali mercede, verumtamen quia nostrum firmissimum propositum est dilata premia non minuere sed tribuere ea bene cito, aceciam de vestra fidelitate et circumspecta¹ industria sicut experiencia nos docuit confidenciam gerimus ad plenum, nostra negocia (de quibus vobis scribit et diffuse magister Hugo de Seton dilectus noster) audemus vobis recom[m]endare ac vestre amicicie supplicare quatinus juxta ea que vobis scripta sunt per eundem, vestra consideracio sit attenta ut in eisdem id fiat quod fieri magis expedit. Si vero causa ecclesie de Kirkeland in curia Romana sub vestra direccione remanere possit, quod supra modum affectamus, redeat famulus iste cum litteris vestris id ipsum continentibus et quantum de pecunia pro vobis et pro aliis per vos de consilio assumendis transmitti debeat et celeriter² transmittetur pro certo. Mittimus vobis duo procuratoria pro persona vestra quibus uti poteritis pro loco et tempore ad defensionem nostram. Et diligens sit vobis cura si placet ne contra nos abbas beate Marie Eboracensis litteras inpetret, nisi per vos in eisdem conveniatur de judicibus et locis secundum informacionem quam in cedula presentibus interclusa duximus describendam. Adhuc cum calcidonio[3] illo notario, qui procuratorem predecessoris nostri immediati in audiencia contradictarum asserit fuisse, conveniatis et componatis pro finali remissione de quantitate aliquantula sibi danda de qua nobis significetur, et mittemus eam. Vellemus eciam quod pro libertate ecclesie nostre, facta proclamacione secundum morem audiencie contradictorum cum aliis petitoribus siqui sint quod vos componeretis, et nos pecuniam solvemus conventam postquam super hec receperimus litteras vestras.

[1] MS. *sircumspecta*
[2] MS. *sceleriter*
[3] A proper name?]

500

[p.394] CERTIFICACIO EJUSDEM. Excellentissimo principi ac domino suo domino Edwardo dei gracia illustri regi Anglie domino Hibernie et duci Aquitanie suus humilis et devotus Johannes ejusdem permissione Karliolensis episcopus salutem in eo per quem reges regnant et principes dominantur. Breve celsitudinis vestre nobis destinatum quarto die mensis Maii presentibus inclusum recepimus. Verum quia tam in convocacionibus per venerabilem in Christo patrem dominum Willelmum dei gracia Eboracensem archiepiscopum cum clero tocius sue provincie Ebor' ea de causa convocato quam in nostris cum clero nostre diocesis Karliolensis ad consimile breve nobis alias directum factis penes ipsum clerum ut lanas hujusmodi concederent nobisque eas persolverent nostrisve ministris per dominacionis vestre celsitudinem ad hoc deputatis instetimus viis et modis licitis quibus potuimus et inductivis, nobisque per eundem extitit finaliter responsum se nullas omnino lanas concessisse nec concedere posse aliquas, utpote quia rabie Scotorum penitus sunt destructi, nostrique bidentes quamquam pauci quos habuimus per hostiles incursus non modicum depressi quasi universaliter perierunt; nos nullas lanas collegimus nec colligere potuimus per nos aut nostros nec aliquas de propriis in manibus habemus, nec eciam restant alique colligende. Super quo dignetur vestra celsitudo si placet nobis habere favorabiliter excusatos. Valeat regia excellencia vestra in Christo Jesu per tempora diuturna. Datum etc. xxj die mensis Maii anno domini MCCCXXXIX et nostre consecracionis septimo.

510

[p.396] QUEDAM[1] INHIBICIO DOMINI KARLIOLENSIS EPISCOPI. Johannes [etc.] dilectis filiis fratri Willelmo de Hurworth ecclesie nostre cathedralis Karliolensis concanonico ac magistro Roberto de Suthayk' rectori ecclesie de Bothecastre nostre diocesis salutem [etc.]. Cum nuper dominus Laurencius de

Coudrey presbiter perpetuum vicarium ecclesie de Irthyngton dicte nostre diocesis se pretendens a quadam sentencia diffinitiva privacionis et amocionis ejusdem a vicaria prefata per magistrum Ricardum de Rysymdon clericum nostrum commissarium in hac parte specialem contra eundem dominum Laurencium ut suggerit injuste lata tanquam ab iniqua ad nostram audienciam prout hoc sibi de jure composuerit duxerit appellandum, nosque ad appellacionem suam hujusmodi prout moris est et juris rescripserimus; prefatoque nostro commissario et per ipsum omnibus et singulis quibus jus exigit inhiberi ne pendente coram nobis hujusmodi appellacionis causa quicquam ea occasione in dicte parte appellantis prejudicium attemptet seu attemptent, faciat aut faciant aliqualiter attemptari, quominus eidem parti appellanti libera pateat appellacionem suam hujusmodi prout justum fuerit prosequendi facultas, inhibuerimus seu inhiberi fecerimus, eundem magistrum Ricardum partem ut premittitur in hac parte appellatam ad certos diem et locum in nostris litteris hujusmodi lacius expressos in ipsa appellacionis causa juxta juris exigenciam processurum citari nichilominus demandando; ad cognoscendum igitur super articulo appellacionis hujusmodi et ipsum concernentibus necnon super eodem prout justum fuerit pronunciandum, finitoque ipso appellacionis articulo seu alias parcium voluntate omisso ad procedendum in negocio principali quantum poterit et de jure debebit, auditisque hincinde propositis sufficienter et discussis dictam sentenciam per nostrum commissarium prefatum alias promulgatam ut premittitur prout canonicum fuerit confirmandam seu alias si oporteat infirmandam, ceteraque omnia et singula facienda et expedienda que in hac parte requiruntur agenda et que circa premissa necessaria fuerint seu eciam oportuna, vobis et vestrum cuilibet conjunctim et divisim tenore presencium vices nostras committimus cum cohercionis canonice potestate. Datum etc.

Consimilis commissio eodem die emanavit porrecta magistro Ricardo de Rysimdon pro vicario ecclesie de Warthecop.

[¹ MS. *QUODDAM*]

515

[p.398] PROCURATORIUM. Universis sancte matris ecclesie filiis ad quos presentes littere pervenerint inspecturi Johannes permissione divina Karliolensis episcopus salutem in amplexibus salvatoris. Nuper quandam revocacionem in scriptis redactam cum certis protestacionibus annexis et contentis in eadem in magistri Hugonis de Bisshopeston' auctoritate apostolica notarii publici ac aliorum testium ad hoc specialiter convocatorum presencia interposuimus, et eam per dictum magistrum Hugonem muniundum redigi fecimus signoque suo consueto signari pariter et muniri, tenorem qui sequitur continentem:

In dei nomine amen. Nos Johannes dei gracia Karliolensis episcopus audientes noviter quod quidam nobis non benivoli asserunt et imponunt[1] quod a peticione et prestacione obediencie a religiosis viris .. abbate et conventu monasterii beate Marie Eboracensis ecclesias de Brumfeld et de Kyrkebystephan infra nostram diocesim in usus proprios optinentibus racione ipsarum nobis debite[2] decetero totaliter cessaremus, et quod cessacioni et non peticioni hujusmodi consensum nostrum prebuimus et assensum, dicimus et in scriptis protestamur palam et expresse quod non est nec unquam fuit intencionis nostre aut voluntatis a peticione et exaccione dicte obediencie nobis debite aliqualiter cessare aut eam ad tempus vel inperpetuum suspendere aut remittere quovismodo, sed est et fuit voluntatis nostre dictum jus ecclesie nostre sicut et cetera jura sua quatenus [p.399] ex juramenti vinculo astringimur prosequi tueri et defendere pro posse nostro. Et siquid in contrarium qualitercumque per nos actum fuerit dictum seu promissum, dicimus et protestamur quod non ex deliberacione provida sed inconsulte dumtaxat hoc gestum sive actum fuerat ex arrupto, et quodcumque dictum actum sive gestum hujusmodi nomine ecclesie nostre predicte, quam in hoc lesam enormiter reputamus ex certa sciencia et deliberacione sufficienti, cum nullius potissime condicio ex hoc reddatur deterior nec jus ledatur alterius totum quod negocium hujusmodi integrum et in eodem statu quo prius fuerat maneat incorruptum, nec ad aliquod nobis et ecclesie nostre predicte prejudiciale processum sit in hac parte, temporaque pro revocacione hujusmodi facienda nondum transierunt, in hiis scriptis revocamus.

Ad notificandum igitur premissa omnia et singula religioso viro domino abbati monasterii beate Marie Eboracensis et ea cum effectu eidem intimanda, voluntatem nostram super hiis et ea concernentibus eidem et singulis quorum interest seu poterit interesse lacius declarandam, confessiones et responsiones quascumque ad premissa et ea quomodolibet contingencia per prefatum dominum .. abbatem et alium quemcumque ipsius nomine jussu aut mandato qualitercumque proferendas in eventu admittendas, et si visum fuerit expediens easdem cum effectu acceptandas, ceteraque omnia et singula facienda excercenda et expedienda[3] que in hac parte requiruntur agenda et que hujusmodi negocio necessaria fuerint seu alias oportuna, dilectum nobis in Christo magistrum Johannem de Stoketon clericum nostrum verum ac legitimum procuratorem et nuncium specialem ordinamus facimus et constituimus per presentes, ratum habituri et gratum quicquid idem procurator noster et nuncius fecerit in premissis et quolibet premissorum. Datum Staunford Lincolniensi diocesi xj die mensis Octobris anno domini MCCCXXXIX° et nostre consecracionis octavo.

[1 MS. *inponunt*
2 MS. *debitis*
3 MS. *faciend' excercendum et expediendum*]

540

[p.407] Johannes etc. dilectis filiis decanis nostre diocesis quibuscumque salutem etc. Cum alias magister W[illelmus] de Kendal qui se gerit pro archidiacono ecclesie nostre Karliolensis propter suas multiplicatas veras contumacias vel verius offensas manifestas coram locum nostrum tenentibus in synodo nostra Karliolensi per ipsum contractas vere contumax prout erat fuisset pronunciatus, pena pro hujusmodi contumaciis seu offensis sibi infligenda et ejus declaracione pene nobis officialive nostro vel commissario a nobis ad hoc deputato per decretum expresse reservatis, idemque postmodum magister Willelmus pro hujusmodi contumaciis suis vel verius offensis manifestis excommunicacionis sentenciis nostra auctoritate fuisset et adhuc sit rite et legitime innodatus justicia exigente, hujusmodique pronunciaciones decreta declaraciones et sentenciarum fulminaciones in auctorem rei transiverint jam est diu judicate appellacione legitima nullatenus suspensa; vobis mandamus et vestrum cuilibet firmiter injungimus quatinus super hiis si oporteat predictas pronunciaciones decreta declaraciones et sentenciarum proclamaciones debite exequentes vice nostra, servatis servandis in hac parte et cognito super hiis si oporteat prout jura requirunt, eundem magistrum W. sic ut premittitur fuisse contumacem et excommunicatum per vos vel alios faciatis solempniter et publice nunciari, ad que faciendum vobis conjunctim et divisim tenore presencium committimus vices nostras cum cohercionis canonice potestate.

560

[p.413] LITTERA SENTENCIE GENERALIS. Johannes etc. dilectis in Christo filiis de Karlio' Allerdall' Cumbr' et Westm' nostre diocesis decanis salutem etc. Licet omnes et singuli Eboracensis provincie subditi qui infra eandem provinciam alicui gracia lucri odii vel favoris seu alia quacumque de causa maliciose crimen imponunt cum infamatus non sit apud bonos et graves, ut sic saluti eidem purgacio indicatur vel ejus opinio alio modo gravetur, sint majoris excommunicacionis sentencia sacrarum constitucionum super hoc editarum dicte provincie subditos effectualiter artancium auctoritate lata dampnabiliter involuti; nonnulli tamen iniquitatis filii sue salutis immemores, quorum nomina ignorantur et persone note non existunt, dominum T[homam] Lengleys militem prius minime diffamatum apud bonos et graves maliciose diffamarunt, sibi falso imponentes ac maliciose quod idem dominus Thomas capillos cum parte pellis capitis domine Alicie uxoris ejusdem abscidit, ipsamque pregnantem adeo verberavit quod quemdam partum qui per ipsos diffamantes asseruitur tunc fuisse in ventre predicte uxoris sue interfecit, ac dorsum cujusdam alterius infantis ejusdem domine fregit; cujus diffamacionis occasione status predicti domini Thome et ejus opinio prius illesa multipliciter gravantur et leduntur quamplurimum, unde dubium non existit eosdem diffamatores sentenciam excommunicacionis majoris sic latam ut premittitur ea occasione incursos esse et excommunicatos fuisse ac adhuc existere, in qua stant et perseverant animis induratis. Quocirca vobis mandamus firmiter injungentes quatinus prefatos diffamatores omnes et singulos occasione premissa sic ut premittitur fuisse et esse excommunicatos in singulis ecclesiis decanatuum vestrorum diebus dominicis et festivis intra missarum solempnia per vos vel alios seu alium publice et solempniter in genere nuncietis, inquirentes diligenter nichilominus de nominibus diffamatorum hujusmodi et certificantes nos de eisdem quos culpabiles inveneritis in hac parte tempore oportuno, a denunciacione vero et publicacione supradictis nullatenus cessantes quousque aliud a nobis habueritis in mandatis.

574

[p.420] Salutem graciam et benediccionem. Mittimus vobis et subcollector-ibus nostris in partibus decime biennalis duo brevia regis una cum litteris procuratoris domini Sabiniensis episcopi cardinalis vobis et ipsis injungentes quatinus ea in forma qua decet fideliter exequamini, quodque nos certificetis in parliamento proximo de facto vestro et ad quantum procuraciones cardinalium in nostra diocesi se extendant annuatim, ut sic deliberare valeamus quid solvi debeat eisdem. Mittatis nobis eciam ad quid et ad quantum procuraciones triennales eorumdem se extendant, quantumque de eisdem per vos fuerit persolutum et quid adhuc London' in deposito in quorumque manibus adhuc restat persolvendum. Adhuc, licet disposuerimus dilectum clericum nostrum magistrum J[ohannem] de S[toketon] ad eundum capitulo ecclesie beati Petri Eboracensis et ad tractandum de pace de suscitata dissencionis materia inter ipsum capitulum et vos noviter suborta, ipsa tamen nostra disposicio effectum sortiri non poterit ad presens ex eo quod fortuna hoc impedit jam adversa magistri N[icholai] de S[toketon] inconvalescenciam contingens. Valete etc.

576

[p.420] Reverende pater, a vestra memoria non credimus excidisse quod olim eciam repetitis vicibus obedienciam Eboracensi ecclesie fide media spopondis-tis[1], quam utique tanto propensius venerari tenemini per debitum in omnibus obediencie famulatum quanto frequencius manum ejusdem ecclesie in vestris habuistis negociis adjutricem, nec quid vobis sufficit ad debite devocionis titulum erga dictam ecclesiam matrem vestram quod manus vestras ab inferendis eidem injuriis servetis innoxias, si in actibus vestrorum desit [p.421] innocencie puritas ministrorum. Error autem subditorum cui non resistitur per presidentem approbatur, et pari pena quamymmo graviori cum ipsis delinquentibus percelletur, exemplo Heli sacerdotis qui non propriis sed filiorum periit reatibus non correctis. Ut igitur vestre devocionis affectum erga dictam ecclesiam nostram in opere comprobemus, rem detestabilem et a seculis inauditam exemplo perniciosam et in gravem honoris et jurisdiccionis Eboracensis ecclesie depressionem ac tocius provincie Eboracensis dampnum et opprobium redundantem, non absque status vestri periculo nisi debite corrigatur, per magistrum Ricardum de Rysindon et fratrem Adam de Dalton pro priore de Wederhal Karliolensis diocesis se gerentem jamdudum perpetratam, quam adhuc continuant animo pertinaciter indurato, oculis vestris tenore presencium aperuimus. Licet autem quod vos latere non credimus per constitucionem sinodalem Eboracensis ecclesie de assensu tocius cleri provincie editam pro honore ipsius ecclesie sub penis gravibus ac censuris ab antiquo fuerit ordinatum quod nullus subditorum Eboracensis provincie ad curiam Cantuariensem eciam tuitorie provocet vel appellet, ubi racione rei vel domicili in curia Eboracensi posset consequi justicie complementum, seu mandata domini Cantuariensis archiepiscopi curie sue aut officialis ejusdem cujuscumque tenoris extiterint prosequatur, nec consilium prebeat aut auxilium taliter appellanti, sub pena amissionis dignitatis beneficii et officii si clerici eciam religiosi fuerint vel advocati seu procuratores cum nota infamie qui contra dictam constitucionem venerint eciam consilium vel auxilium ministrando ipso jure promulgata; dictus tamen frater Adam de prefati magistri Ricardi consilio et assensu, ut facti evidencia et exhibita per eos instrumenta manifestant, ad dictam curiam Cantuariensem jamdudum tuitorie noscitur appellasse in casu quo de jure et antiqua approbata consuetudine ad curiam Eboracensem debuit appellari, quam eciam appellacionem idem frater Adam per consilium ac ministerium dicti Ricardi in curia Cantuariensi non est veritus prosequi inhibicionem juxta eandem appellacionem impetrando, ipsam intimando et ut eidem pareretur suam instanciam faciendo. Adiciunt insuper ad sue iniquitatis cumulum in quibusdam aliis suis appellacionibus quod idem dominus Cantuariensis jus superioritatis in provincia Eboracensi optinet aceciam primacie. Vestrum itaque officii debitum exhortamur quatinus honori vestro consulentes necnon periculo status vestri quod ex dissimulacione tanti sceleris poterit exoriri, dictum Ricardum tanquam jurisdiccionis Eboracensis ecclesie prosecutorem notorium, quamvis eidem ecclesie per juramentum obediencie sit astrictus, non differatis ab omni vestre familiaritatis gremio et cujuslibet officium vestri regimine removere donec consigne satisfecerit de premissis; scituri quod vobis ad connivenciam reputabitur in premissis si dictum Ricardum in sinu vestre familiaritatis decetero teneatis. Consideretis insuper oculo vigilanti in quantum obediencie qua Eboracensi ecclesie tenemini sit adversum et a vestri honoris periculo non remotum dictum fratrem Adam, quem instrumenta appellatoria per ipsum exhibita jurisdiccioni dicte ecclesie perhibent adversantem, amodo sub vestri favoris et proteccionis tenere presidio aut permittere quod dicti Ricardi seu alterius subjecti vestre correccionis imperio consiliis vel auxiliis defensetur. Siquis autem obedienciarius dicte nostre ecclesie familiariter cohabitaverit seu amiciciam contraxerit cum hiis qui nobis et eidem ecclesie adversantur, licet corpore nobiscum esse videatur mente tamen contra nos est, inter[2] inimicos Eboracensis ecclesie non immerito numeratur. Et est hostis multo periculosior quam qui patenter deforis inimicatur. Illud autem quod super premissis duxeritis faciendum nobis per vestras litteras rescribatis. Datum Ebor' xvj die mensis Februarii.

[1] MS. *spospondistis*
[2] MS. *et inter*]

579

[p.422] MANDATUM CAPITULI EBORACENSIS DIRECTUM DOMINO. Capitulum ecclesie beate Petri Eboracensis, decano extra provinciam agente, archiepiscopali ejusdem ecclesie sede vacante, venerabili in Christo patri domino Johanni dei gracia Karliolensi episcopo salutem in eo qui est omnium vera salus. Nuper per nos prelatos et totum clerum diocesis et provincie Eboracensium, procuratore vestro tunc presente et nomine vestro procuratorio consensum ad id expresse prebente, in convocacione generali dictarum diocesis et provincie die Lune xj° die mensis Decembris ultimo preterito in ecclesia nostra cathedrali Eboracensi facta consensum fuit et concorditer ordinatum quod contra fratrem Adam de Dalton, qui se gerit pro priore de Wederhal' vestre diocesis Karliolensis ac Eboracensis provincie predicte, ob quasdam certas causas et culpas ipsius fratris Ade in dicta convocacione publice propositas et expressas in violacionem jurium et libertatum ecclesie Eboracensis [et] statuti sinodalis super hoc editi ac prelatorum et tocius cleri diocesis et provincie Eboracensium prejudicium manifeste et temere attemptatas per nos procederetur sub certis modo et forma in dicta convocacione salubriter ordinatis, procuratore predicti fratris Ade tunc presente. Nosque volentes consensum et concordem ordinacionem hujusmodi execucioni debite demandare, priori ecclesie Karliolensis archidiacono Karliolensi vel ejus officiali ac magistro Ricardo de Rysindon pro officiale vestro se gerenti obedienciario nostro personaliter jurato ad citandum prefatum fratrem Adam ad certos diem et locum coram nobis in hoc casu direximus litteras nostras, quequidem littere nostre citatorie eidem magistro Ricardo ex parte nostra tradite et liberate ob defectum et culpam ejusdem Ricardi sine fructu penitus perierunt, quem eciam propter suas contumaciam et offensam contractas excommunicavimus, justicia id poscente. Quocirca vobis cum reverencia qua decet in virtute sancte obediencie ecclesie Eboracensi per vos prestite firmiter injungendo mandamus quatinus citari faciatis peremptorie prefatum fratrem Adam, si personaliter inveniri poterit alioquin ex habundanti procuratorem suum siquem dimiserit, quod si nullum dimiserit ex habundanti cautela proposito publice citacionis edicto in prioratu de Wederhale predicto et locis vicinis, ac denunciacione facta publica et solempni notis et amicis dicti fratris Ade ne ignoranciam pretendere valeat in hoc casu, quod compareat coram nobis in capitulo ecclesie nostre predicte tercio die juridico post dominicam qua cantatur officium *Misericordiam domini* proximo futuram super dictis causis tunc si et prout de jure convenit clarius exprimendis personaliter vel per procuratorem sufficienter instructum responsurus facturus ulterius et recepturus quod justicia suadebit. Vobis insuper ut supra mandamus quatinus prefatum magistrum Ricardum de Rysindon sic ut premittitur excommunicatum in ecclesia vestra cathedrali Karliolensi singulis ecclesiis conventualibus et parochialibus sinodis et capitulis vestre diocesis Karliolensis publice et solempniter faciatis per alios nunciari. Inhibeatis eciam et inhiberi faciatis publice nequis cum eodem magistro Ricardo communicare presumat preterquam in casibus a jure permissis. Adhuc, citari faciatis eundem peremptorie quod compareat coram nobis tercio die juridico et loco predictis super contemptu et inobediencia per ipsum in hoc casu contractis et aliis excessibus coram nobis per ipsum in capitulo nostro confessatis personaliter responsurus facturus ulterius et recepturus quod hujusmodi negocii qualitas exigit et requirit ac justicia suadebit. Nunciari eciam faciatis eisdem fratri Ade et magistro Ricardo et eciam publicari modo loco et forma supradictis quod si non venerint termino assignato, procedemus contra eosdem absencia sua non obstante, cum causa et materia propter quas contra eosdem sit procedendum fuerint in dicta convocacione, procuratore ejusdem fratris Ade ac dicto magistro Ricardo presentibus, publicata et expressata que ipsos aut alios religiosos vel clericos de Eboracensibus diocese vel provincia verissimiliter latere non poterint et credimus firmiter non latere nec ulterius ipsorum auribus convenit incultare. Terminum vere peremptorium et personalem comparicionem hujusmodi cum facti qualitas et evitacio periculi animarum suarum id exposcant sic duximus moderandum. Et nos de omni eo quod feceritis et inveneritis in premissis citra dictum diem per duos dies distincte et aperte certificetis per litteras vestras patentes harum seriem continentes. Ad ecclesie vobis commisse regimen vos diu conservet in prosperis gracia salvatoris. Datum Ebor' vj kalendas Aprilis anno domini MCCCXLI°.

581

[p.415] LITTERA DIRECTA CAPITULO EBORACENSI. [p.422] Venerabili capitulo ecclesie beati Petri Eboracensis J[ohannes] etc. salutem cum reverencia et honore. Ex tenore litterarum quas per harum bajulum nobis destinastis perpendimus vos ex hoc admirari non sufficere quod vestre consultacioni [p.415] primitus transmisse per nos ut asseritis non extit responsum, sed scimus nostre responsionis litteras post vestrarum datam litterarum ad vos [1]per dominum T[homam] de Dalston[1] pervenisse, in quibus certa datur responsio ad singula transmissa. Et si hee vel alie consultacionis cautelam exposcant pleniorem, ipsis parebimus in omnibus ut tenemur. Et protestamur quod jura ecclesie beati Petri defendere volumus et eis adversantes resistere viis quibus poterimus, nec quemquam contra ea calcitrare pro nostris viribus sinemus.

[[1-1] Interlined.]

582

[p.415] LITTERA DIRECTA MAGISTRO THOME SAMPSON. Salutem graciam et benediccionem cum sincere[1] dileccionis affectu. Visis litteris vestris, instetitimus firmiter ut eisdem sic paritum fuisset quod et prior de Wederhal[2] et magister Ricardus de Rysindon satis cito ad vos apud Ebor' sub fiducia vestre amicie eciam si omnis difficultas affuisset accessissent, sed ipsa instancia nostra pendente capitulum dicitur contra ipsos vel eorum alterum ad censuras processisse, unde iidem (minus confidentes in verbis dealbatis, ex quibus ut dicunt sequitur pocius asperitas quam mitigacio) nondum intra se deliberaverunt quid inde sint facturi. Asserunt tamen firmiter se nunquam fuisse vel esse illius intencionis quod contra ecclesiam vestram quicquam facerent aut faciant, nisi per vestros voluntarios processus sint coacti. Idcirco si videatur vestre discrecioni quod expediet ecclesie vestre, contra quam nulli pro certo assistemus, quod ulterius insistamus ut veniant ad cedandum omnia, procuretis quod revocentur censure sique sint prolate ex parte capituli, et sint omnia reformata in statum illum quo extiterant tempore incepcionis instancie nostre supradicte, et inter vos et nos deo propiciante faciemus quod ad honorem ecclesie vestre cedet pro certo tractatus noster. Asserimus enim vobis firmiter et credimus quod illud quod fecit dictus magister Ricardus pocius fecit ad tuicionem jurisdiccionis nostre quam habemus immediate in prefatum priorem, quam ob causam alicujus affeccionis quam penes ipsum vel alium gestavit aut gerit. Faciemus tamen pro posse nostro quod siquid prejudiciale in curia Cantuariensi contra ecclesiam Eboracensem sit per ipsos attemptatum satis caute revocabitur. De premissis si placet rescribatis nobis voluntatem vestram. Diucius et feliciter valeatis in domino etc.

[¹ MS. *sancere*
² MS. *Woderhal*]

588

[p.416] LITTERA PRO SCOLIS DE PENRETH. Johannes permissione etc. dilecto nobis in Christo magistro Johanni de Eskheved clerico salutem graciam et benediccionem. De tua circumspeccione plenam optinentes fiduciam, tueque probitatis meritis ac utilitate studere volencium in arte gram[m]aticali pensatis, te in magistrum scolarum gram[m]aticalium quas optinemus et solebamus optinere in villa de Penreth nostre diocesis tenore presencium preficimus et ordinamus, liberam¹ tibi docendi in arte supradicta quoscumque erudicionis causa ad te accedere volentes quamdiu nobis placuerit specialem concedentes potestatem. In cujus rei etc. Datum etc.

[¹ MS. *liberamque*]

594

[p.418] CERTIFICACIO MANDATI SUPRADICTI. Venerabili capitulo ecclesie beati Petri Eboracensis, decano loci ejusdem in remotis agente, archiepiscopali eciam ejusdem ecclesie sede vacante, Johannes etc. salutem cum reverencia et honore. Mandatum vestrum viij idus Aprilis ultimo preteritas apud manerium nostrum de Melburn' Coventrensis et Lichefeldensis diocesis recepimus, formam continens infrascriptam: Capitulum etc. ut in mandato supra. Et licet de rigore juris ad exequendum hujusumodi mandatum nullatenus essemus¹ aut simus astricti, utpote tempore recepcionis ejusdem ante et post hucusque extra vestrum territorium notorie existentes, ut tamen in nobis omnis reperiatur humilitas eciam in pluri quam tenemur, ipsum vestrum mandatum per certum et fidelem nuncium priori ecclesie nostre Karliolensis cum celeritate qua posset deferendum nono die dicti mensis vice et auctoritate nostris ac in forma nobis demandata in omnibus et per omnia effectualiter exequendum misimus, eidem vices nostras in hac parte plenarie committentes ac eciam injungentes districte et in scriptis quatinus quid in hac parte fecerit et invenerit qualiterque ipsum mandatum fuerit executus, nos citra xx diem dicti mensis proximo extunc futurum per suas patentes litteras ipsius vestri et nostri mandati hujusmodi seriem continentes redderet cerciores; de cujusquidem execucione mandati aut quid de eo factum sit nichil revera penitus audivimus hucusque, nec mirum cum tempus sibi adhuc supersit ad certificandum. Verum quia preven[ien]ti brevi regio ad interessendum London' in parliamento ac eciam premuniti, cui inevitabiliter parere nos oportet, speramus pro constanti infra biduum post datam presencium versus ipsas partes iter nostrum arripere. Cum amplius de tempore nobis pro requie nullatenus sit indultum, vos requirimus et rogamus quatinus ab ulteriori execucione facienda in hac parte, presertim cum eidem non possumus intendere, velitis nos ad presens habere excusatos in tam remotis partibus ut premittitur degentes. Promittimus fideliter quod si certificatorium dicti prioris in hac parte recipere poterimus competenti tempore ad quod diligenciam debitam apponemus, vos de eo et vestro hujusmodi mandato ac qualiter paratum sit eidem ad diem per vos limitatum distincte certificabimus, eciam si tarde id recipiamus dumtamen tempus hoc paciatur quomodolibet aut permittat; alioquin vestra benignitas nos habeat excusatos ut superius est expressum. Ad ecclesie vestre regimen et munimen conservet vos in prosperis spiritus sancti gracia et dirrigat in agendis. Datum etc.

[¹ MS. *eramus*]

596

[p.418] Johannes permissione etc. dilectis filiis etc. Accedens ad nos personaliter apud M., W. de R. parochianus ecclesie de G. predicta, nobis humiliter exposuit quod cimiterium ecclesie parochialis de C. r. nostre diocesis per sanguinis effusionem sua culpa et per factum suum illicitum violenter extracte pollutum extitit, cujus pretextu idem W. majoris excommu-nicacionis sentencia innodatus existit. Et quia parochiani ejusdem ecclesie emendam pro dicta violencia a dicto W. juxta facultates suas recipere recusant, sicut asserit, nos ipsum Willelmum a sentencia excommunicacionis majoris quam incurrebat ipso facto, prestito primitus ab eodem juramento corporali de parendo juri pro commissis hujusmodi propter periculum anime sue quod de facili contingere posset in mora, absolvimus ad cautelam sub pena retrusionis in eandem sentenciam nisi ad nos infra quindecim dies proximo post adventum nostrum in nostra diocesi sequituros personaliter accedat, facturus in hac parte in omnibus quod est justum. Quocirca vobis mandamus quatinus predictum Willelmum sic ut premittitur per nos fuisse et esse absolutum in ecclesiis predictis et parochianis earundem publicetis et per alios faciatis publicari. Datum apud manerium nostrum de Melburn xx die mensis Aprilis anno domini MCCCXLI° et nostre consecracionis nono.

605

[p.424] Johannes permissione divina Karliolensis episcopus dilecto filio magistro Roberto de Suthayk' rectori ecclesie de B. nostre diocesis salutem graciam et benediccionem. Ad tenendum consistoria et capitula jurisdiccionis nostre episcopalis quecumque quociens ea infra nostram jurisdiccionem celebrari contigerit, necnon ad cognoscendum procedendum decernendum interloquendum et diffiniendum in causis et negociis quibuscumque in quibus sive ex officio sive ad instanciam partis cujuscumque ex citacione vel prefixione partes quecumque coram nobis aut locum nostrum tenente quocumque dies habent, citaciones eciam de novo concedendas, ad querelas et appellaciones quorumque subditorum nostrorum rescribendas, mandata superiorum nostrorum nobis aut locum nostrum tenenti directa recipienda exequenda et de eisdem debite certificanda, subditorum nostrorum excessus quoscumque corrigendos et debite puniendos, et omnia alia et singula circa premissa et quodlibet premissorum incidencia et emergencia facienda et expedienda que necessaria fuerint vel eciam oportuna, vobis de cujus circumspeccionis industria in domino gerimus plenam fidem tenore presencium vices nostras committimus cum cohercionis canonice potestate. Datum etc.

617

[p.427] SENTENCIA GENERALIS SENTENCIE PRO EFFUSIONE SANGUINIS SUPER FAMILIARES EPISCOPI. Johannes etc. dilectis in Christo filiis etc. salutem etc. Cum W. de L. pro eo quod in nos et in nostros familiares clericos et seculares nobis de die insultum dando notorie absque causa quacumque racionabili manusque in nos et dictos familiares nostros tam clericos quam laicos iniciendo inicive mandando et faciendo seu injeccionem hujusmodi nomine suo et mandato factam ratam habendo pariter et attemptatam temere violentas, quosdam dictorum clericorum atrociter vulnerando et quosdam vero scienter et nequiter occidendo in casu a jure non permisso, prout hec oculis nostris perpendimus et ad nos nichilominus pervenit fama publica referente, sentenciam majoris excommunicacionis per hoc dampnabiliter incurrendo sicque excommunicatus per totam diocesim nostram palam et publice fuerat nunciatus, de quibus quidem transgressione violencia et injuria nobis dictisve familiaribus nostris deo et ecclesie minime satisfecit, sed dictis sentenciis firmiter sic ligatus nulla contricione prehabita aut satisfaccione hujusmodi premissa viam universe carnis ut dicitur sit ingressus corpusque ejusdem pro tanto et tam notorio facinore excommunicati[1] ecclesiastice traditum ut accepimus contra sancciones canonicas sepulture; volentes super hiis oportunum remedium adhibere, ad inquirendum si necesse fuerit de facto prelibato, et si ipsum per inquisicionem hujusmodi aut alias facti notorietate veritati subnixum inveneritis, dictum corpus excommunicati hujusmodi exhumandum et ab ecclesiastica sepultura separandum seu alias seques-trandum quousque vobis de absolucione sufficienti in hac parte constiterit, ceteraque facienda que nobis et officio nostro incumbunt in hac parte, et si ad reprobacionem testamenti sui voluntatis sue ultime siqua fuerit in ea parte canonice procedenda, vobis vices nostras committimus cum cohercionis canonice potestate. Datum etc.

[1 MS. *excommunicatus*]

622

[p.428] MANDATUM DIRECTUM DECANO AD MONENDUM QUOSDAM AD RECONCILIANDUM CIMITERIA. Johannes [etc.] dilecto filio decano nostro Karlioli salutem graciam et benediccionem. Cum cimiteria ecclesiarum parochialium de Staynewigges et de Beaumound nostre diocesis sanguinis effusione in eisdem temere extracti per non modica tempora polluta extiterint et adhuc existant, parochianique locorum eorundem quorum notorie interest reconciliacione earundem procurare circa procuracionem hujusmodi necgligentes fuerint ac sint et remissi; tibi ne ipsi ex necgligencia sua prefata remedium reportent, qui penam condignam pocius merentur, injungimus firmiter et mandamus quatinus eosdem moneas efficaciter et inducas monerive facias et induci quod citra festum sancti Andree apostoli proximo futurum, quod eis pro termino peremptorio et preciso ac pro canonica monicione statuimus et assignamus, sub pena excommunicacionis majoris quam rebelles incurrere volumus in hiis scriptis, qui tuis in hac parte non paruerint mandatis, ad nos accedant et reconciliacionem hujusmodi a nobis fieri procurent eciam cum effectu. Et quoniam intollerabiles defectus quos nuper comperimus oculata fide, videlicet in corporibus defunctorum indifferenter tumulandis in ipsis ecclesiis et aliis nostre diocesis potissime interdicti tempore cimiteriorum earundem in dedecus et vituperium loci sacri ubi id fieri contingit, ac abhorracionem plebis ad divina ibidem confluentis, relinquere nolumus incorrectos, quam pocius eisdem congruam adhiberi volumus medelam; tibi in debito obediencie qua nobis es astrictus injungimus ut prius quatinus omnibus et singulis rectoribus vicariis ac presbiteris parochialibus et aliis dicti decanatus inhibeas seu facias inhiberi ne corpus cujusquam infra muros ecclesiarum suarum aut earum alicujus, corporibus patronorum et rectorum earundem cum id contigerit dumtaxat exceptis, absque nostra licencia speciali petita et optenta sepeliant aut tumulent sub pena superius annotatata, cum sicut canones attestantur non obsit justis sepultura nulla vel vilis impiisque celebris vel preciosa non profit. Qualiter autem presens nostrum mandatum fueris executus nos citra festum supradictum reddas cerciores tuis patentibus litteris habentibus hunc tenorem. Datum etc.

629

[p.430] Johannes [as in no.622]. Licet clerum et populum tui decanatus quod se pararent diebus et locis in nostro mandato tibi super hoc directo plenius expressis nos suscepturos ad visitacionis officium quod in parte Karlioli inchoavimus per te fecimus premuniri, perpendentes tamen guerras et hostiles incursus imminere in partibus et ex hoc ipsis grave fore in instanti tempore conflictus nostre visitacioni hujusmodi intendere, qui ad salvandum se ipsos et eorum bona non sufficiunt potissime hiis diebus eosdem, ut suis yndempnitatibus consulamus, ab onere visitacionis hujusmodi faciende per triennium premissa occasione duximus relevandos. Verum quia circa defensionem ecclesie et marchie nostre Karl' de mandato domini nostri regis Anglie illustris insistere nos oportet, minis et terroribus plurimum excitati, quod re vera absque subditorum nostrorum subsidio com[m]ode facere non valemus, ad tractandum cum ipsis de tuo decanatu de aliquo competenti subsidio nobis in tanta necessitate impendendo et in aliis decanatibus liberaliter concesso, quod ab ipsis cum caritate providimus postulandum, necnon ad idem exigendum et recipiendum in casu quo tibi nostro nomine fuerit oblatum, acquietanciasque super receptis si opus fuerit solventibus faciendas, ceteraque omnia et singula facienda et expedienda que in hac parte requiruntur agenda, tibi de cujus circumspeccione et industria in domino gerimus plenam fidem tenore presencium committimus vices nostras. Datum etc.

634

[p.431] Johannes [as in no.622]. Antiqui patres sacrorum canonum conditores, videntes filios matris sue ecclesie sacrosancte in tantum degeneres quod in eam insurgentes jura sua ac libertates sibi auferendo ac perturbando ipsam prosequi minime formidabant, presumentesque processu temporis sibi consimiles nascituros, proinde statuerunt vel saltim suis permiserunt[1] statutis quod omnes et singuli episcopi et superiores prelati contra hujusmodi degeneres judicialem indaginem assumentes, ecclesiarum suarum injurias vindicarent. Sane si tanto beneficio nobis inter alios concesso perfrui non curantes, contra injuriatores sponse nostre Karliolensis ecclesie et maliciosos libertatum ejus inpugnatores quatenus possumus minime procedamus, tenendum nobis est ne de necgligencia in districto judicio arguamur. Quia igitur ex quorundam relacione ad nostrum pervenit auditum quod quidam iniquitatis filii, persone quorum et nomina ignorantur, ministros regios seu ballivos se pretendentes ac sue potestatis metas et limites notorie excedentes, libertatem nostram infra baroniam nostram de Dalston ab eis cujuscumque vigore potestatis prorsus alienam nuper sunt ingressi, pluraque ut hiis verbis utamur in bonis tenencium de nobis et ecclesia nostra prelibata[2] infra eandem fecerunt attachiamenta pariter et districta[3], ipsaque attachiata et districta hujusmodi adduxerunt et asportarunt, et alio modo gravia dampna ipsis inibi multipliciter perpetrarunt in nostrum et ecclesie nostre Karliolensis prejudicium non modicum et gravamen; tibi mandamus firmiter injungentes quatinus in ecclesiis beate Marie Karlioli Dalston et de Seburgham et aliis quibus videris expedire tribus diebus dominicis seu festivis post presencium recepcionem continue numerandis omnes libertatum nostrarum hujusmodi inpugnatores et violatores in genere moneas monerive facias et induci quod infra quindecim dierum spacium post monicionem tuam immediate sequencium ecclesie nostre nobis ac aliis quos leserunt in hac parte de illato per eos dispendio satisfaciant congrue ut tenentur, alioquin extunc omnes predictos malefactores et suum commissum emendare nolentes totidem diebus infra missarum solempnia solempniter et publice in genere excommunices seu facias per alios publice excommunicari et per alios publice nunciari, donec suum reatum agnoscentes ad sacre matris ecclesie gremium redeant absolucionis beneficium in forma juris petituri aliudve a nobis receperis in mandatis. Adhec eisdem diebus et locis quibus excommunicacionem hujusmodi fulminaris seu feceris fulminari publice, inhibeas seu facias inhiberi nequis in locis predictis talia perpetrare decetero presumat sub pena excommunicacionis majoris, quam in omnes qui post trinam inhibicionem secus presumpserint attemptare proferimus in hiis scriptis, quamquidem sentenciam quociens per ministros nostros libertatis antedicte fueris congrue requisitus diebus et locis tibi per eosdem designandis solempniter per te publicari volumus et mandamus; tibi nichilominus firmiter injungentes quatinus de nominibus hujusmodi delinquencium diligenter et sol[l]erter inquirens, eos quos de premissis inveneris notorie culpabiles seu eciam diffamatos cites seu citari facias peremptorie quod aliquibus certis die et loco pro tuo sumendis arbitrio coram nobis aut nostro commissario compareant facturi et recepturi quod justicia suadebit. Et quid super premissis feceris, nos

52 *The Register of John Kirkby*

dictis die et loco certifices per tuas patentes litteras harum seriem et nomina eorum quos occasione premissa citaveris ac culpam cujuslibet plenius continentes sigillo tui officii communitas. Datum etc.

[¹ MS. *permisere*
² MS. *prelibate*
³ MS. *districtus*]

641

[p.439] Venerabili capitulo [as in no.594 – honore]. Grave munus non inmerito gerimus et molestum quamplurimum redditur votis nostris cum malignorum insidiis in nos adversancium absque nostris demeritis detraccionis pestifere senciamus incommoda, que in status nostri prejudicium pariunt infamiam et scandala representant. Quamobrem dignis motibus ducimur et racionabilibus studiis excitamur nefandis eorum ausibus prudenter occurrere et pro accelerate subvencionis remedium adhibita cautela que convenit de medio subducere taliter conspirata. Et quoniam ut de sinistris nobis impositis, de quibus in litteris quas vobis nuper direximus plenior fit mencio, cesset omnis conjectura mali que contra nos prout asseritis munum pullulavit ac extunc muta fiant labia dolosa, viam non providimus vobis in eisdem exposita aliquam saniorem, diem purgacionis pro nostro sumenda arbitrio ad laudem dei et sancte matris ecclesie elegimus non prolixam. Ne igitur dies hujusmodi adventus nostri vos lateat, quin pocius de ea sitis congrue premuniti ordoque juris qui in hac parte requiritur in omnibus observetur, ad diem veneris sabbatum quo cantatur officium *Scicientes*¹ inmediate precedentem in capitulo ecclesie vestre cathedralis hora consueta mediante dei gracia proponimus interesse, facturi que nuper vobis scripsimus et ulterius recepturi quod justicia suadebit. Speramus enim devote in illo qui mari et ventis imperat et post nubilum tempora serennitatis indulget, quod vestro interveniente presidio in quo secure confidimus post convocacionem hujusmodi parabitur tranquillitas nos ab instantibus periculis prorsus preservans, quodque optate nobis recuperacionis claritas illucesset. Bene diu et feliciter valeat vestra reverenda discrecio in omnium salvatore, qui eam semper conservet incolumem ad ecclesie sue sancte regimen et dirrigat in agendis. Scriptum etc.

[¹ *i.e.* Sitientes.]

642

[p.440] Reverende discreccionis viro magistro T[home] Sampson etc. Johannes etc. salutem et sincere dileccionis affectum. Secuti vestrum consilium, in quo pre ceteris delectamur quod eciam nobis sanum et utile sepius invenimus ac providum in agendis, diem purgacionis nostre Eboraco faciende per vos ordinatam, videlicet veneris sabbatum quo cantatur officium *Scicientes* inmediate precedentem, ad laudem dei et sancte matris ecclesie in forma per nos oblata sub spe divini auxilii et proteccionis vestre admittimus et corditer acceptamus, vestram excellentem prudenciam affectuosis precibus et sedulis deprecantes quatinus hiis que honoris nostri exaltaccionem et incrementa concernere videritis in hac parte ut debitum sorciantur effectum felicem et optatum manus apponere velitis adjutrices. Si enim ad hoc vestra prout intelleximus affuerit voluntas quod circa celebracionem ordinum olei sacrique crismatis confeccionem adtunc insistamus, moramque nostram faciamus quousque hec peregimus ut convenit ibidem ad honorem ecclesie beati Petri, quam matrem recognoscimus, adiu est pastoris solacio destitute tanti oneris sarcinam ut votis vestris complaceamus volumus subire; vos autem super hiis si placet voluntatem vestram nobis per harum bajulum remittetis, ut pro tanta mora disponere valeamus. Mittimus eciam venerabili vestro capitulo litteras diem adventus nostri lacius continentes, quarum veram copiam ut eam intueamini ex habundanti fecimus presentibus includi. Augeat vobis altissimus vitam felicem et prosperam semper in honore. Scriptum etc.

646

[p.441] Johannes permissione etc. dilectis in Christo filiis universis prioribus subprioribus ministris custodibus guardianis fratrum predicatorum et minorum, de Monte Carmeli et heremitarum sancti Augustini per nostram diocesim constitutis, salutem graciam et benediccionem. Summus orbis opifex et universe conditor creature ut quoddam tributum voluit ab homine decimas exhiberi sibi, non ex eo quod bonis indigeat cum sit dives detque cuique habundanter et non improp[ri]at, sed ut pro ipsius exhibicionem tributi universorum optinere dominium dinoscatur, et ministri ejus suis inherentes vestigiis quibus ipsas concessit jure perpetuo possidendas cum eis sine diminucione fuerint persolute congrua dispendiorum percepcione letentur. Sed in plerisque locis nostre diocesis nonnulli sicut accepimus ceca cupiditate seducti tamquam cum eis dominus usque ad quadrantem non esset novissimam racionem super predictas decimas aliquam putaturus, in earum tanto tempore soluccione propria temeritate cessantes [et] eas per avaricias propriis usibus deputantes ut jam verendum est immo pro constanti tenendum ipsos esse, nisi super hoc celeri sibi satisfaccione conspiciant a celestis hereditatis consorcio penitus excludendos. Quia cum decimarum prestacio sit census deo debitus pro hereditate ejus adquirenda, merito ea privari debuit qui censum ipsum subtrahet vel in aliquo presumpserit mutilare. Volendum est utique super talium detentorum deploranda miseria, qui deo ingrati cujus beneficio sunt et vivunt, terrena celestibus et eternis transitoria dampnabiliter preferentes, malunt orrea sua saturari frumento quam in decimarum soluccione ad supreme beatitudinis gaudia salubriter promoveri. Gravis est, inquam, talium et enormis excessus quo deus voce prophetica queritur se configi, cui si terminum confestim non contingat imponi vel ad vindictam solitam ulcionum dominus se convertet, dans celum desuper ferreum et terram eneam aut terra gramen aptum non proferet,[1] vel eternis penis eos afficiet quos nunc temporibus non cohercet. Adhibendum est super hoc efficax cautele remedium, per quod eis salutis lenimenta[2] perveniant qui talibus perpetui nexibus detinentur. Cum igitur vobis graciam contulerit dominus per quam potestis mederi vulneribus sauciati cordaque fidelium ad propiciendum deo boni operis fructuum ymbre[3] eloquii [salutaris][4] spiritualis fecunde,[5] universitatem vestram hortamur in domino, vosque nichilominus in virtute sancte obediencie qua sedi apostolice tenemini districtius monemus, quatinus juxta formam constitucionis novelle *Cupientes* in Clementinis in hac parte salubriter edite vos et vestrum quemlibet ad hoc specialiter artantis, fratribus vestris assumptis et quos inposterum ad sancte predicacionis officium assumi contigerit arcius injungatis, ut frequenter in suis predicacionibus in singulis ecclesiis jurisdiccioni nostre subditis faciendis per eosdem publice populum inducant perpensius ad reddendas et solvendas ecclesiis quibus de jure debentur decimas supradictas, et tam illis qui confessionibus audiendis ipsos adierint quam eciam eis a quibus in egritudine vocate fuerint exhortacione salubri suadeant quod similiter decimas predictas sine defalcacione persolvant et congrue satisfaciant de retentis; ita quod unigenitus dei filius Jesus Christus eos, qui suo sanguine precioso redemit, ipsos in servos admittat et filios quem per exhibicionem debiti decimarum tributi[6] dominum cognoverunt. Datum etc.

[1] *Leviticus* 26, 19–20.
[2] MS. *lenimenda*
[3] *i.e.* imbre
[4] Cancelled by underdotting.
[5] *Rectius* fecundo?
[6] MS. *tributa*]

669

[p.447] Universis ad quos etc. Johannes permissione etc. salutem in amplexibus salvatoris. Quod ad honorem dei et quietem populi gestum est, dignum est commendari memorie ne rerum gestarum elabente noticia contingat aliquo fortasse casu, que in pacis serenitatem redacta sunt, perturbari iterato aut in erroris nubilum quomodolibet subverti. Universitati igitur vestre innotescimus per presentes quod cum domina A[licia] de K[irkbride] mulier, quam dominus T[homas] L[engleys] miles tunc tenuit et adhuc tenet in uxorem, eidem domino T[home] alias inposuisset maliciose, sicuti futurus extunc declaravit eventus, quod ipse capillos cum parte pellis capitis etc. sicut in mandato supradicto, aliasque varias injurias eidem domine intulisset, ut ipsa asseruit vicibus repetitis; tandem fama super premissis, eo quod dictum unius sepe sequitur multitudo, et ad promocionem ejusdem domine A[licie] penes nos quodam[m]odo laborante, super hujusmodi impositis prefato militi et an veritate potirentur seu alias carerent robore firmitatis, multis fidedignis nobis assistentibus, in ipsarum parcium presencia inquisivimus plenius veritatem. Et cum per confessionem ejusdem domine A[licie] pure sponte et absolute in sororis sue et aliorum fidedignorum presencia emissam inventum fuisset dilucide et probatum hujusmodi objectus per eandem dominam A[liciam] prefato militi falso nequiter et maliciose impositos fuisse, ipsaque veniam pro commissis adtunc suppliciter postulasset et optinuisset in hac parte humiliter ab eodem, partes ipsas dissidiorum vepribus in hac parte radicitus prefossis ad pacis et concordie reduximus unitatem. In quorum testimonium et memoriam futurorum presentes litteras sigilli nostri impressione fecimus communiri. Datum etc.

670

[p.448] MANDATUM CURIE EBORACENSIS. Venerabili in Christo patri domino Johanni dei gracia Karliolensi episcopo officialis curie Eboracensis sede vacante salutem cum reverencia et honore debitis tanto patri. Querelam domine Alicie quondam uxoris domini W[alteri] de K[irkbride] militis defuncti quam dominus T[homas] L[engleys] miles de facto tenet in uxorem gravem recepimus continentem quod, licet prefata domina A[licia] prefatum dominum T[homam] super divorcio faciendo inter eosdem coram vobis non ex delegacione apostolica sed ordinaria auctoritate cognoscentibus traxisset in causam, ac libello oblato in eadem cum ipsa domina A[licia] predicti domini T[home] miniam seviciam quam cedis et verberibus morti proximis exercuit in eandem merito timeret, ac adeo diffideret de eo quod sibi non potuit sufficiens parari securitas morandi cum eodem, cuidam honeste matrone in civitate Karlioli loco utique ydoneo et securo moratura cum eadem usque ad decisionem cause divorcii supradicte sumptibus bonorum communium eorundem, precipue cum bona ipsius domine A[licie] que ad potestatem et manus predicti domini T[home] cum eadem domina tempore contracti matrimonii inter eosdem pro sustentacione ipsius domine A[licie] et supportacione onerum predicti matrimonii sufficienter pervenissent, vestra auctoritate et predicti domini Thome consensu intervenientibus, tradita extitisset et in domum transducta matrone supradicte; vos tamen, nichil prefate domine Alicie vel predicte matrone pro suis sumptibus et vite sue necessariis a prefato domino Thoma vel alio ejus nomine de bonis premissis seu aliunde penitus persoluto seu collato, eandem dominam A[liciam] nichil unde ali posset aut possit seu onera litis sue supradicte sustinere quam sine scandale pariter et peccato deserere non poterit optinentem sed nudam et inhermem[1] ob defectum sumptuum a consorcio predicte matrone penitus dimissam et egestate notorie laborantem, causam prosequi supradictam ad instanciam predicti domini T[home] usque ad summe calculum compulistis; quamquidem causam cum prefata domina Alicia sufficienter fundasset intencionem suam in eadem, vos venerabilis pater supradicte reverendis viris dominis priori et archidiacono ecclesie vestre cathedralis Karliolensis audiendam et terminandam specialiter commisistis. Et licet cum iidem commissarii vestri diucius in statu ipso tenuissent in suspenso causam ipsam, et protelassent eandem plus debito nec curassent ipsam sentencialiter terminare, aut de sumptibus et expensis ipsius domine A[licie] facere sibi provideri de bonis supradictis ut deberent quamquam super hoc essent ex parte dicte domine A[licie] in forma juris sepius congrue requisiti, parsque prefate domine A[licie] propter hoc ad vos congruis loco et tempore competenti accedens et vobis premissa sufficienter exponens ut vos sumptus et vite sue necessaria ac litis expensas supradicte faceretis predictum dominum T[homam] saltim de bonis communibus supradictis sub[ven]ire et sibi ministrare, causamque ipsam per vos vel alios aut alium fine debito terminare, vestrum eciam implorans ad hoc officium vos cum instancia debita in forma juris requisivisset; vos tamen partem predicte domine A[licie] sic requirentem et petentem exaudire et eidem justiciam in hac parte facere non curastis, sed recusastis expresse seu plus debito distulistis et adhuc differitis minus juste in predicte domine Alicie prejudicium non modicum et gravamen, unde pars ejusdem domine A[licie] ad nos accedens et nobis premissa exponens sibi super premissis de remedio provideri peciit oportuno. Nolentes igitur eidem domine A[licie] in sua deesse justicia sicuti nec debemus, vobis cum ea qua decet reverencia auctoritate dicte curie mandamus firmiter injungentes quatinus, si est ita, prefatum dominum T[homam] ad satisfaciendum et ministrandum predicte domine A[licie] de sumptibus et vite sue necessariis ac expensis sibi debitis a tempore quo in civitate Karlioli morari inceperat ut premittitur et lite pendente in futurum juxta facultates bonorum [c]ommunium per vos vel alios aut alium infra xv dies a tempore recepcionis presencium continue numerandos canonice compellatis, et exequi curetis vestrum officium in hac parte ut est justum, predictam causam infra unius mensis spacium a tempore recepcionis presencium fine debito nichilominus terminantes seu facientes terminari; alioquin citetis seu citari faciatis peremptorie predictum dominum T[homam] quod compareat coram nobis vel commissario nostro in majori ecclesia Eboracensi octavo die juridico proximo post lapsum dicti mensis in predicte[2] querele negocio secundum ipsius qualitatem et naturam prout justum fuerit processurum facturum ulterius et recepturum quod justicia suadebit, et vos agitacioni dicte cause dictis die et loco intersitis si vestra credideritis interesse. De die vero recepcionis presencium modo et forma execucionis earundem ac omni eo quod feceritis in premissis nobis vel commissario nostro ad dictum diem octavum constare faciatis distincte et aperte per vestras patentes litteras harum seriem continentes; scituri quod super porreccione presencium vobis in eventu facienda, latori earundem nuncio nostro in hac parte deputato et jurato adhibebimus plenam fidem. Datum Ebor' iij nonas Februarii anno domini MCCCXLI°.

[1 *i.e.* inermem
2 MS. *predictis*]

<h2 style="text-align:center">671</h2>

[p.448] CERTIFICATORIUM. Cujus auctoritate mandati priori et archidiacono nostris Karliolensibus, quibus prefatam causam diu ante recepcionem dicti vestri mandati commisimus fine debito terminandam, dedimus in mandatis quatinus juxta formam ipsius vestri mandati et naturam in ipsa causa procederent et eam fine debito terminarent; prefatique .. prior et archidiaconus eandem causam per diffinitivam sentenciam, sicuti viva voce nobis retulit archidiaconus memoratus, absolutoriam pro viro et contra mulierem infra quodcumque tempus nobis in hac parte quomodolibet prefinitum terminarunt; que vobis vestrove commissario cuicumque significamus per presentes sigilli nostri munimine roboratas in testimonium premissorum. Datum etc.

672

[p.448] MANDATUM CAPITULI EBORACENSIS PRO VICARIA FACIENDA IN ECCLESIA PAROCHIALI BEATE MARIE KARLIOLI (UNA CUM CERTIFICACIO[NE] EJUSDEM MANDATI). Capitulum [as in no.579] Karliolensi episcopo ecclesie nostre prefate suffraganeo salutem cum reverencia et honore debitis tanto patri. Litteras vestras certificatorias nobis ad mandatum nostrum transmissas et decimo die mensis Aprilis ultimo preterito in nostro capitulo ex parte vestra porrectas inspeximus, formam continentes subsequentem:

Venerabili [as in no. 594 – salutem] et debitam obedienciam cum reverencia et honore. Vestras reverendas litteras iij idus Februarii ultimo preterito recepimus, tenorem qui sequitur continentes:

Capitulum [as above – patri]. Querelam parochianorum ecclesie parochialis beate Marie Karlioli grave recepimus continentem quod, licet prefata ecclesia a tempore fundacionis ejusdem esset et sit ecclesia parochialis pro se curata populum habens ab aliarum ecclesiarum parochianis separatum et amplam ac latam parochiam per certos fines et limites ab aliis parochiis pro se distinctam, ipsaque parochialis ecclesia adeo habundasset in facultatibus et proventibus transactis temporibus et tam habundet quod majores fructus et proventus ejusdem eciam deductis omnimodis oblacionibus fieri solutis in eadem, quequidem oblaciones per se solum pro congrua porcione unius vicarii in ipsa ecclesia perpetuo instituendi et ad supportandum alia onera eidem vicarie incumbencia sufficerent, ad multorum victus et sustentacionem sufficientes extiterunt et existunt; licetque religiosi viri prior et capitulum ecclesie vestre cathedralis Karliolensis ordinis sancti Augustini predictam ecclesiam parochialem in usus suos proprios optinentes[1] quominus vicarium seu parochialem presbiterum in predicta ecclesia perpetuo institutum habere debeant, qui curam animarum parochianorum gerat predicte ecclesie, vobisque loci ejusdem ordinario ac vestre dignitati et successoribus vestris necnon predicte ecclesie nostre tempore vacacionis sedis episcopalis Karliolensis (ad quam cura episcopalis Karliolensis sede ipsa Karliolensi vacante de consuetudine legitime prescripta dinoscitur insolidum pertinere) de cura plebis predicte ecclesie respondeat, [p.449] nullatenus sint aliquali privilegio apostolico communiti[2]; et quamquam nullus per plures annos esset aut sit in ipsa ecclesia perpetuus presbiter vel minister parochialis curam gerens animarum parochianorum predictorum vel in parochiali officio in ipsa ecclesia deserviens, nisi qui ponebatur et ponitur in eidem contra canonica instituta per sacristam predicte ecclesie parochialis[3] pretendentem oblaciones in predicta parochiali ecclesia qualitercumque factas ad ipsum et suum officium sacristarie pertinuisse ac pertinere cum nulla sufficienti auctoritate pertinerent vel pertineant ad eundem vel suum officium supradictum, et qui ad nutum ejusdem sacriste cum voluerat ab hujusmodi ministerio ammovebatur et quociens voluerit ammovetur; parsque parochianorum predicte ecclesie parochialis quorum intersint et interest ministrum perpetuum et vigilem optinere in eadem, qui ipsos instruat et edoceat in hiis que ad fidem pertinent et suarum salutem animarum et curam gerat earundem ac sollicitus continue sit circa ea, ad vos congruis loco et tempore competenter accedens et vobis premissa sufficienter exponens, ut cum cura animarum parochianorum predicte ecclesie omnino esset et sit necglecta, prefatique religiosi in ordinacione vicarie predicte ecclesie tanto tempore fuissent et sint temere necgligentes et remissi quod jus ordinandi vicariam in eadem ecclesia ad vos esset legitime devolutum, faceritis vicarium seu presbiterum perpetuum in predicta parochiali ecclesia assignata sibi congrua porcione de proventibus ejusdem ordinari ac institui canonice in eadem et ipsis ulterius justicie complementum in hiis omnibus exhiberi a vobis cum debita instancia in forma juris petuisset: vos tamen partem ipsorum parochianorum sic petentem exaudire et eidem in hac parte justiciam facere non curastis, sed absque causa racionabili ad predictorum religiosorum instanciam recusastis expresse aut plus debito distulistis et adhuc differ[i]tis minus juste in ipsorum parochianorum prejudicium non modicum et gravamen, unde pars ipsorum parochianorum ad nos accedens et nobis premissa exponens sibi super premissis de remedio provideri peciit oportuno. Nolentes igitur eisdem parochianis in sua deesse justicia sicuti nec debemus, vobis cum ea qua decet reverencia mandamus firmiter injungentes quatinus, si est ita, infra xl dies a tempore recepcionis presencium continue numerandos vicarium seu presbiterum parochialem perpetuum in predicta vicaria, assignata sibi congrua porcione in predicta ecclesia unde jura episcopalia poterit persolvere hospitalitatemque tenere ac congruam sustentacionem pro se et suis ministris necessariis ab ecclesia predicta optinere, ordinare et in premissis omnibus et singulis justiciam facere curetis et faciatis quod vestro in hac parte incumbit officio pastorali; alioquin citetis seu citari faciatis peremptorie prefatos religiosos quod quarto die juridico post lapsum dictorum xl dierum in capitulo ecclesie nostre predicte coram nobis compareant, et vos eciam si vestra credideritis interesse dictis die et loco similiter compareatis, in predicta querele causa prout justum fuerit processuri ulteriusque facturi et recepturi quod justicia suadebit. Et nos de omni eo quod feceritis seu facere curaveritis in premissis et circa ea citra dictum diem distincte et aperte certificare velitis per litteras vestras patentes harum seriem continentes. Ad salubre regimen gregis sui vos diu regat in prosperis gracia conditoris. Datum Ebor' iij nonas Februarii anno domini MCCCXLI°.

Verum quia a tempore recepcionis litterarum vestrarum predictarum tam variis et arduis necessariis eramus occupati negociis hucusque et pro magna parte extra nostram diocesim plurimum eciam penes vos diucius prepediti et adhuc existimus, ad consilium regium celebrandum London' versus quod gressus nostros dirrigimus districtius evocati, quominus predictum querele negocium quod in parte inchoavimus diligenter et sol[l]erter per processum legitimum in forma nobis demandata finali expedicioni potu[er]imus ut vellemus infra tam brevis termini spacium nobis in hac parte statutum vel prefixum ut convenit mancipare contenta in ipsis vestris litteris exequi nequivimus ut mandastis, licet ea expedire intensis desideriis in quantum possumus et debemus cum summa diligencia volumus ac corditer havolamus[4]. Quamobrem vestram prudenciam reverendam requirimus cum tempore indigeamus et aliquid materia agamus quatinus pro execucione ulteriori in hac parte facienda tempus congruum et accomodum tantique sufficiens expedicioni negocii nobis ut tenemini velitis indulgere, potissime cum non valenti agere non currat prescripcio nec obivet limitacio termini statuti neminique juris beneficium absque facto suo prejudicatio sit aliqualiter auferendum. Ad ecclesie sue sancte regimen et munimen vitam vobis concedat altissimus prosperam et longevam. Datum apud manerium nostrum de Rosa quinto die mensis Aprilis anno domini MCCCXLII° et nostre consecracionis decimo.

Licet siquidem eciam ex forma certificatorii vestri suprascripti predicte querele negocium potuissemus merito pronunciasse ad nostram audienciam ob necgligenciam vestram fuisse legitime devolutum, vestrarum tamen excusacionum causis et ut omnia idem querele negocium concernencia quatenus ad nos pertinent pocius ex equitate et mansuetudine quam ex rigore justicie procedant diligenter pensatis, vestre peticioni nobis in vestro certificatorio supradicto transmisso duximus annuere[5], vobis de gracia nostra speciali indulgentes ut citra proximum diem juridicum post festum assencionis domini proximo futurum juxta priorum litterarum nostrarum vobis inde directarum continenciam et tenorem in predicto querele negocio procedere curetis cum effectu et faciatis ulterius quod est vestrum; alioquin citetis seu citari faciatis peremptorie religiosos supradictos quod die supradicto in capitulo nostro coram nobis compareant in predicta querele causa sicut prius prout justum fuerit processuri ulteriusque facturi et recepturi quod justicia suadebit. De die vero recepcionis presencium et omni eo quod [as above – conditoris]. Datum Ebor' xiij die mensis Aprilis anno domini MCCCXLII°.

[1] See next note.
[2] These first six words on p.449 would seem better placed earlier, between *optinentes* and *quominus*.
[3] *recte* cathedralis?
[4] *i.e.* advolamus.
[5] MS. *annuend'*]

673

[p.449] CERTIFICACIO EJUSDEM MANDATI. Predictis itaque partibus coram nobis certis diebus et locis ad hoc statutis citatis et competentibus, ex parte dictorum religiosorum allegatum et propositum fuit quod a tempore fundacionis sue in ecclesia predicta diu ante Lateranense concilium ipsi semper deservierunt ecclesie sue predicte per capellanos suos proprios sub cura et regimine prioris sui qui pro tempore fuerat, et quod ecclesia ipsa per secularem vicarium nuncquam fuit solita gubernari. Super hiis igitur et aliis ex parte eorum propositis informacionibus et evidenciis variis nobis factis, examinatoque ulterius negocio et nichil alio in contrarium ex parte ipsorum parochianorum effectuali ut apparuit opposito, quia invenimus dictos religiosos in hoc nostro judicio sufficienter munitos, eosdem ab impeticione dictorum parochianorum et officii nostri in hac parte absolvimus. Ipsos tamen religiosos citavimus in forma nobis demandata quod die et loco supradictis coram vobis compareant facturi et recepturi quod tenor dictarum vestrarum litterarum exigit et requirit, ut sic quod ad vos pertinet ulterius prout faciendum in hac parte videritis faciatis. Et hoc vobis significamus per presentes. [1]Valete etc. ut supra[1]. Datum etc.

[1-1] This clause is interlined.]

674

[p.450] MANDATUM CURIE EBORACENSIS PRO PROCESSU DIVORCII INTER DOMINUM T[HOMAM] L[ENGLEYS] ET UXOREM SUAM MITTENDO UNA CUM CERTIFICATORIO EIDEM. Reverendo in Christo [as in no.670 -patri]. Certificatorium vestrum nuper recepimus tenorem continens infrascriptum:

Reverende discrecionis viro domino officiali curie Eboracensi sede vacante vestrove commissario generali aut alii dicte curie presidenti J[ohannes] permissione divina Karliolensis episcopus salutem et debitam obedienciam cum reverencia et honore. Mandatum dicti domini commissarii generalis nuper recepimus sub eo qui sequitur tenore:

Venerabili in Christo [etc.] domini officialis curie Eboracensis sede vacante commissarius generalis salutem cum reverencia et honore debitis tanto patri. Cum nuper ex parte domine Alicie quondam uxoris domini Walteri de K[irkbride] militis defuncti quam dominus T[homas] L[engleys] miles de facto duxit[1] in uxorem esset curie supradicte conquestum quod vos et vestri commissarii in causa divorcii, que primo coram vobis non ex delegacione apostolica sed ordinaria auctoritate cognoscentibus et subsequenter coram priore et archidiacono ecclesie cathedralis Karliolensis vestris in hac parte commissariis vertebatur inter prefatam dominam A[liciam] actricem ex parte una et prefatum dominum T[homam] reum ex altera, in non exhibendo sibi justicie complementum in causa antedicta necgligentes essetis et essent ac remissi, fuissetque vobis auctoritate curie supradicte, examinata primitus per ipsam curiam ac recepta predicta querela ut est moris, cum clausula *si est ita* demandatum ut infra certi temporis ad hoc prefiniti spacium competens faceretis predicte domine Alicie super contentis in predicta querela justiciam impendi; vos quoque, venerabilis pater supradicte, cum suggesta in querela pretacta plenius specificata veritati interentur, prout ex forma vestri certificatorii curie supradicte in hac parte transmissi colligi poterit evidenter, necgligenciam in hac parte contraxissetis ac contraxeritis iteratam; nos quoque propterea in predicte querele causa debite cognoscentes et procedentes pro jurisdiccione predicte curie in causa divorcii antedicta, ipsam[2] divorcii causam ad audienciam et examen predicte curie fuisse et esse legitime devolutam et in eadem curia inter partes memoratas fore principaliter pertractandam pronunciaverimus, mittendumque fore pro toto processu coram vobis et vestris commissariis in tota causa ipsa habito, ac predictum dominum T[homam] ad procedendum principaliter in predicta causa juxta juris exigenciam et alias secundum modum et consuetudinem predicte curie faciendum et recipiendum in eadem causa prout justum fuerit decreverimus justicia suadente: vobis cum ea qua decet reverencia auctoritate curie supradicte injungimus et mandamus quatinus totum processum coram vobis et vestris commissariis in predicta causa qualitercumque habitum sub sigillo vestro clausum citra diem sabbati proximo post dominicam qua cantatur *Quasimodo geniti* proximo futurum ad curiam supradictam fideliter transmittatis, citantes nichilominus seu citari facientes peremptorie prefatum dominum T[homam] quod dicto die sabbati coram dicto domino officiale nobis aut alio dicte curie presidente in ecclesia beati Petri Eboracensis compareat in causa divorcii supradicta prout justum fuerit principaliter processurus ulteriusque facturus et recepturus in hac parte quod justicia suadebit. Quid autem in premissis feceritis, dictum dominum officialem nos vel alium dicte curie presidentem citra diem sabbati supradictum distincte et aperte certificetis per litteras vestras patentes harum seriem continentes. Datum Ebor' xij kalendas Aprilis anno domini MCCCXLI°.

Verum quia notarius in ipsa causa prioris et archidiaconi predictorum, quibus diu ante impetracionem cujuscumque querele pro parte dicte domine A[licie] qualitercumque factam causam ipsam commisimus fine debito terminandam, penes quem totus processus hujusmodi residere dinoscitur et cujus industria ad ipsum conscribendum a partibus ut intelleximus et de assensu communi eligitur supradictis, tam variis et arduis aliis a tempore recepcionis mandati dicti domini commissarii penes nos hucusque extitit prepeditus negociis, quibus ut asseruit ipsum parere oportuit, quominus tam festinanter propter temporis brevitatem ejusdem scripture processus intendere potuit in formam transmissioni hujusmodi faciende convenientem debitam non redacti dictum processum, quem non habemus nec consequi potuimus hactenus ab eodem, vobis aut vestrum cuiquam ad presens transmittere non possumus, licet pro transmissione hujusmodi vobis facienda diligenciam debitam adhibuimus competentem. Prefatum tamen dominum Thomam personaliter inventum citari fecimus peremptorie in forma nobis demandata quod dictis die et loco coram vobis domino officiale supradicto vestrove commissario generali aut alio dicte curie presidente compareat facturus et recepturus in omnibus et per omnia quod tenor dicti mandati exigit et requirit. Datum apud manerium nostrum de Rosa nono die mensis Aprilis anno domini MCCCXLII° et nostre consecracionis decimo.

Verum quia predictum processum in forma vobis demandata non transmisistis curie supradicte, possemus vos non inmerito super inobediencia et contemptu arguere, prout ex certificatorio vestro suprascripto liquet evidenter. Volentes tamen paternitati vestre ista vice deferre graciose, vobis auctoritate dicte curie cum ea reverencia qua decet in virtute obediencie injungimus et mandamus quatinus totum processum inter predictas partes in causa antedicta coram vobis et commissariis vestris qualitercumque habitum cum omnibus actis et munimentis ejusdem nobis vel commissario nostro aut alii dicte curie presidenti ad diem sabbati proximo post festum apostolorum Philippi et Jacobi proximo futurum sub sigillo vestro clausum fideliter et plenarie transmittatis, scituri quod si in execucione presentis nostri mandati necgligentes fueritis vel remissi aut alias maliciose mandatis nostris parere distuleritis seu non feceritis que mandatur prout convenit, dissimulare non poterimus quin contra vos super contemptu et inobediencia viis licitis quibus poterimus prout justum fuerit procedamus. De die vero recepcionis presencium ac omni eo quod in premissis duxeritis faciendum nobis vel commissario nostro aut alii dicte curie presidenti ad dictum diem sabbati constare faciatis per vestras patentes litteras harum seriem continentes. Datum Ebor' xv kalendas Maii anno domini MCCCXLII°.

[1] Interlined over *tenet*, which is cancelled by underdotting.
2 MS. *ipsamque*]

678

[p.451] Johannes permissione etc. dilectis in Christo filiis decanis rectoribus vicariis presbiteris parochialibus et aliis divina celebrantibus quibuscumque per nostram diocesim constitutis salutem etc. Exposuit nobis dilectus in Christo filio dominus R[icardus] perpetuus vicarius de M[orland], vultum lugubrem exhibens et pretendens, quod cum ipse nuper per viam que ducit de Morland usque ad P[enrith] pro quibusdam suis negociis ibidem peragendis transitum fecisset, quemdam librum *Journal* vulgariter nuncupatum, quem pro horis canonicis dicendis secum gestabat, in itinerando vel in villa de P[enrith] prelibata dinoscitur amisisse. Quocirca vobis omnibus et singulis injungimus et mandamus quatinus in singulis ecclesiis vestris moneatis monerive faciatis in genere et induci omnes illos qui dictum librum invenerint, habuerint vel penes se detinuerint, seu qui hunc possidere dolo vel fraude desierint seu ipsum subtraxerint aut alias concelaverint, quatinus ipsum librum sic inventum habitum detentum seu alio modo subtractum aut concelatum seu aliquo alio colore alienatum aut distractum infra octo dierum spacium a tempore monicionis vestre hujusmodi proximo numerandorum, quod ipsis pro termino peremptorio et preciso et pro monicione canonica prefigimus et assignamus, prefato domino R[icardo] restituant seu restitui faciant ut tenentur; alioquin omnes hujusmodi inventores occupatores distractores seu alienatores vel concelatores extunc in genere excommunicetis et faciatis pro sic excommunicatos vice et auctoritate nostris publice nunciari, donec ad sancte matris ecclesie gremium redierint, et facta dicti libri restitucione cui debetur, absolucionis beneficium in forma juris meruerint optinere. Datum etc.

689

[p.454] MANDATUM CAPITULI EBORACENSIS. [p.453] Capitulum [as in no.672 – patri]. Cum in causis per appellaciones vel querelas subditorum Eboracensis provincie ad nostrum delatis examen libera nobis competere debeat cognoscendi procedendi diffiniendi et exequendi facultas, et hactenus sede predicta vacante de jure communi et consuetudine laudabili legitime prescripta compecierit, canonumque et sanctorum patrum statuta ac apostolice sedis indulta predictam ecclesiam beati Petri et jurisdiccionem nostram prefatam penalibus providis constitucionibus et decretis communierint et honoribus fecerint adeo decorari quod impedientes seu contempnentes ipsam nostram jurisdiccionem indebite seu statuta hujusmodi vel indulta ac eorum contempnencium et inpediencium fautores excommunicacioni et penis aliis subjecerint et involverint ipso facto; et cum cura ut accepimus parochianorum ecclesie parochialis beate Marie Karlioli [a] religiosis viris priori et capitulo ecclesie cathedralis Karliolensis totaliter necglecta fuerat, ex eo quod nullus perpetuus vicarius seu minister per aliqua tempora canonice gestaverat ipsam curam, vosque, reverende pater supradicte loci ordinarie, predictis religiosis in presentando vobis personam ydoneam ad vicariam ipsam necgligenciam contrahentibus (cum jus ordinandi vicarium perpetuum in predicta parochiali ecclesia necnon assignandi sibi congruam porcionem de fructibus ejusdem fuisset juxta Lateranensis concilii statuta ad vos legitime devolutum) essetis in hac parte necgligens et remissus; prefati parochiani de predictorum religiosorum et vestri necgligenciis hujusmodi sub forma competenti per nos examinata in forma juris et admissa conquerentes sibi justiciam in hac parte petuissent, ipsaque causa sic esset et sit ad nostram audienciam nostrumque examen legitime delata pariter et devoluta, ac inibi pendeat coram nobis nondum adhuc finita: tamen predicti religiosi, pendente coram nobis ut premittitur querele causa supradicta, contra hujusmodi litis dependenciam et statuta constituciones et indulta supradicta de quibus sibi sufficienter innotuit, ipsisque non obstantibus, ausu temerario scienter venire presumpserunt et ipsas ac ea per secularem potestatem violare perturbare et impedire vel verius confundere intentes, et ut predicti querelantes a debita prosecucione predicte cause ne justiciam consequerentur in eadem suis et potestatum ipsarum parcium minis ac terroribus silere et prefatam jurisdic-cionem nostram eludere cum effectu sunt conati. Qui insuper religiosi non solum in Karlioli sed eciam in Eboraci civitatibus occasione litis et prosecucionis supradictarum magistro Ricardo de Rysindon clerico predicte ecclesie parochiano et curie nostre Eboracensis advocato, causam antedictam una cum aliis predicte ecclesie parochianis tunc debite ut apparuit pro-sequenti, per se[1] et suos canonicos regulares aliosque ministros suos seculares necnon aliorum potestatuum parcium predictarum servientes, primo in domo predicti magistri Ricardi in predicta civitate Karlioli constituta que sibi racionabiliter tutissimum refugium esse debuerat, et subsequenter in Eboraci civitate, eo quod ipsum compellerent a prosecucione predicte cause invitum desistere, non solum insidias ferocissimas sed minas mortis [p.454] et verbera atrocissima mandarunt procurarunt et fecerunt vilissime occasione premissa fieri et inferri, ipsasve et ea eorum nomine et procuracione pro ipsis sic sibi illatas et illata ratas et rata habuerunt pariter et accepta ac de hiis multipharie fuerunt et sunt contenti, in ipsius predicti magistri Ricardi prejudicium dampnum non modicum et gravamen, scandalumque et opprobrium tocius ordinis clericalis ac cetus curie nostre supradicte et perniciosum exemplum plurimorum, predicteque cause retardacionem, et clavium ecclesie ac predictorum statutorum et indultorum ecclesieque beati Petri supradicte immunitatis et nostre jurisdiccionis pretacte violacionem et notorium impedimentum pariter et contemptum manifestum, sicut hec omnia non solum indicant judicia prospicua sed facinorum predictorum evidencie et scelerum ipsorum notorietas ac predictorum religiosorum et delinquencium predictorum declarata proposita et procuraciones palam confessate, quorum justificacioni propter ipsorum notorietatem eciam si prefati religiosi ipsa vellent tergiversacione celari locus non existit. Cum igitur secundum apostolum 'Nichil humilibus prodesse videretur obediencia si contemptus contumacibus non obesset' et secundum canonicas sancciones 'In culpis scandalum inducentibus gravis sit culpa relaxare vindictam aut delicta pertransire impunita', nobisque nostra jurisdiccio prefata nulla foret si ipsam sic turbatam et elusam permitteremus irreparatam, vobis cum ea qua decet reverencia committimus et mandamus firmiter injungentes quatinus et si predictus magister Ricardus penes nos pro sua sibi ut premittitur illata injuria non insteterit, vos autem de insidiis et injuriis supradictis que nobis et prefato fiebant magistro Ricardo in civitate Karlioli ad procuracionem predictorum religiosorum ut premittitur et earum notorietate ac causa ratificacioneque ac ceteris circumstanciis supradictis et aliis que occurrent in hac parte exhubandanti ad pleniorem manifestacionem premissorum dumtaxat per viam tamen notorii prout decet loco et tempore competentibus pro vestro arbitrio citra tamen festum sancti Barnabe apostoli proximo futurum congrue statuendis diligenter inquiratis, et de omni eo quod per notorietatem premissorum ceterasque ipsorum scelerum evidencias penes vos vel in partibus civitatis predicte de premissis per hujusmodi inquisicionem vestram aut alio quocumque modo receperitis seu inveneritis in hac parte, nos citra primum diem juridicum post predictum festum contingentem per duos dies litteris vestris sub sigillo vestro clausis signoque alicujus notarii publici si copiam sui habere poteritis signatis plenarie certiorare curetis; citantes nichilominus seu citari facientes peremptorie prefatos religiosos quod, videlicet prior predicte ecclesie celerarius et frater Willelmus de Hurworth ejusdem ecclesie canonicus principales et manifesti predictorum scelerum promotores procuratores et fautores personaliter, et ceteri predicte ecclesie cathedralis Karliolensis religiosi predicto primo die juridico post predictum festum sancti Barnabe proximo futurum contingenti per procuratorem ydoneum sufficienter instructum coram nobis in capitulo nostro Eboracensi compareant, nobis ex officio nostro super premissis contemptu et inobediencia ac manifestis injuriis et impedimentis ac rebellionibus suprascriptis et aliis que occurrent in hac parte prout justum fuerit responsuri et in juri parituri ac de veritate dicenda juraturi ulteriusque facturi et recepturi in hac parte quod justicia suadebit. De hiis autem omnibus que in premissis feceretis vel circa ea nos citra predictum sextum[2] diem juridicum per duos dies certificare curetis per litteras vestras patentes harum seriem continentes. Ad salubre regimen gregis sui vos in prosperis conservet gracia salvatoris. Datum Ebor' xx° die mensis Maii anno domini MCCCXLII°.

[1 Presumably the prior.
2 *Sic.*]

690

[p.454] CERTIFICACIO EJUSDEM. Venerabili [as in no. 594 – honore]. [1]Mandatum vestrum[1] iiij die mensis Junii ultimo preterito [2]et non ante[2] recepimus sub eo qui sequitur tenore: Capitulum etc. ut supra. Et licet parati essemus ac simus in licitis et canonicis vestris monicionibus parere et injunctis in omnibus reverenter, variis tamen et arduis negociis regiis circa defensionem marchie nobis ante recepcionem dicti vestri mandati adiu commissis, quibus nos inevitabiliter oportuit parere nobis et incumbit, plurimum prepediti injuncta nobis per vos ad presens quoad inquisicionem faciendam super hiis que in eodem vestro mandato plenius designantur ac cetera exequenda in hac parte nobis demandata infra tam brevem terminum nobis ad hoc statutum, vix spacium duorum dierum [post] recepcionem dicti vestri mandati ac dietis nostri nuncii vobis directi debite ponderatis continentem, exequi nequivimus ut mandastis, super que nos habere velitis si libeat excusatos. Citavimus tamen peremptorie prefatos religiosos in forma nobis demandata quod die et loco in ipso vestro mandato superius designatis coram vobis compareant facturi in omnibus et per omnia aceciam recepturi quod ipsius tenor exigit et requirit. Ad ecclesie vestre regimen et munimen vitam vobis concedat altissimus prosperam et longevam. Datum Karl' vij idus Junii anno domini MCCCXLII° et nostre consecracionis decimo.

[1-1 Interlined over *Litteras vestras* (cancelled).
2-2 Interlined.]

706

[p.457] Johannes permissione etc. dilectis in Christo filiis decano nostro Karlioli ac omnibus et singulis rectoribus vicariis et presbiteris parochialibus per dictum decanatum[1] constitutis salutem etc. Licet omnes et singuli manus in[j]icientes in clericos temere violentas in casu de jure non permisso sint sentencia excommunicacionis majoris a canone *Siquis suadente diabolo* provide lata dampnabiliter involuti, quidam tamen ut accepimus dampnati iniquitatis filii, quorum nomina ignorantur et persone penitus sunt incognite, in fratres A. et B. ecclesie cathedralis Karliolensis sponse nostre canonicos regulares nostrosque confratres manus injecerunt, dei timore postposito et in casu de jure non permisso, scientes ipsos clericos et regulares canonicos ac in possessione clericatus et ordinis presbiteratus notorie existentes, eciam usque ad sanguinis effusionem temere violentas, ipsosque male tractarunt verberarunt et vulnerarunt, et alia gravia intulerunt que singula presentibus non duximus exprimenda, in dictorum fratrum A. and B. dampnum non modicum et gravamen, nostreque et ecclesie nostre supradicte jurisdiccionis tociusque ordinis clericalis contemptum manifestum, ecclesiasticeque libertatis notoriam violacionem, sentenciam excommunicacionis majoris sic ut premittitur latam occasione premissa dampnabiliter incurrendo, in qua stant et perseverant animis induratis. Nos igitur hujusmodi perniciem exempli conniventibus oculis pertransire non valentes inpunitam, quia 'si hoc in viridi, in arido quid fiet?', vobis et vestrum cuilibet mandamus firmiter injungentes quatinus dictos sacrilegos presumptores omnes et singulos sic fuisse et esse excommunicatos occasione premissa in singulis ecclesiis dicti decanatus 2inter missarum solempnia2 publice et solempniter nuncietis et per alios facere publice nunciari, a denunciacione hujusmodi minime cessantes donec aliud a nobis receperitis in mandatis. Inquiratis eciam de nominibus eorundem nichilominus diligenter, et quid in hac parte reperitis aut repererit ille vestrum qui presens mandatum nostrum fuerit executus, nos quamcicius poteritis sub sigillis vestris transmittatis aut transmittat unus vestrum modo pretaxato fideliter inclusum. Datum etc.

[1 Preceded by *nostram diocesim* (cancelled).
2-2 Interlined.]

726

[p.463] Edward par la grace de Dieu roi Dengleterre et de Fraunce et seignur Dirland al honorable piere en Dieu J. par meisme la grace evesque de Kardoill salutz. Come nous soions certifiez que vous et les prelatz et clergee de la province Deverwyk' en eide de lesploit de noz grosses busoignes nous eietz grantee une disme anuale a paier a certeyms termes et souz certeyne fourme et condicions, dont nous mercions a vous et a eux; si vous prions cherement et requerens que eant regarde a nostre estat et a la grant necessite que nous avoms en present, desicome nous sumes novelement venuz des parties de dela ou nous avons este a grantz mises et coustages pur le recoverir de noz droites, par quei nous enbusoignons mult de deners pur nostre refreschement, voillez mettre peyniblement vostre entents et diligence a ceo que nous puissoms estre prestement servi de les deners sourdauntz de la dite disme as termes susditz, et especialment du primer terme que serra a Lanunciacion de nostre dame proscheyn avenir, issint que le paiement non soit plus outre delaie en nule manere, et sur ceo voillez ordenir et deputer tieux collectours de meisme la disme deinz vostre diocise qui voillent prendre la busoigne au quoer et mettre en esploit sanz targer. Et quant a la complissement des condicions susdites, a plus tost[1] que nous averons parfait noz pelerinages queux nous sumes ore en fesaince, nous ferroms ordenir en tiel maner par avis de nostre counseil que vous serretz contentz par resoun. Donne souz nostre prive seal a nostre Tour de Londres le xiiij jour de Marz, lan de nostre regne Dengleterre xvij et de France quart.

[1 MS. *toft*]

756

[p.481] Edward [as in. no.726 – salutz]. Purce que par comun assent des grantz et a la request' de la comune de nostre roialme en nostre present' parlement avoms pris certeyn purpose de passer la meer afforciement vers les parties de dela pur la defense de nostre roialme et noz droites recoverir, et aussint est ordenetz et assentuz en mesme le parlement que vous et les autres grantz des parties du North' demorretz ove certeyne noumbre des gentz vers les parties de la marche Descoce pur la defense et sauve garde de meisme la marche; vous prions cherement que selonc' le dit accorde vous vous ordeinez a demorrer vers la dite marche ove sessaunte hommes darmes a noz gages pur la salvacion de nostre roialme come desus est dit, des queux gages vous serrez bien et prestement servi des eides a nous grauntez si bien par la clergie come par la comune es parties dela Trent, car meismes les eides sount especialment reservez pur la defense de la dite marche et les gages de vous et des autres grauntz qui sount ordeinez a demorrer vers celles parties. Donne souz nostre prive seal a Westm' le vj jour de Juyl, lan de nostre regne Dengleterre disoytisme et de France quint'.

763

[p.483] Venerabili in Christo patri et domino domino Johanni dei gracia Karliolensi episcopo minister humilis et devotus decanus Hornc' et Hill' obedienciam cum reverencia et honore. Mandatum vestrum nuper recepi sub forma que sequitur, recitando mandatum supradictum proximum. Hujus igitur auctoritate mandati vestri reverendi per rectores et vicarios inquisicionem super jure presentantis ad ecclesiam de Morby predictam et ceteris articulis in dicto mandato vestro contentis feci diligentem, per quam compertum est quod dominus Johannes Karliolensis episcopus ecclesie de Morby predicte verus est patronus et ultimo presentavit ad eandem. Cause vero permutacionis predicte ex parte domini Rogeri predicti sunt hee: videlicet quod idem [p.484] dominus Rogerus oriundus est de episcopatu domini Karliolensis predicti et ibidem majorem credit sanitatem corporis optinere ex causa recreacionis corporee et assumpcionis aeris prope inter parentes et amicos suos ibidem habendum; et quod plus credit proficere in ecclesia dei quoad curam animarum gerendam quam alibi in remotis racione naticie lingue sue. Cause eciam ipsius permutacionis ex parte magistri Hugonis predicti sunt hee: videlicet quod idem magister Hugo juris est peritus, ut asseritur, et affectat in universitate studere cum quo vicariam occupanti per diocesanum loci non possit dispensari in forma constitucionis *Cum ex eo*, et quod plus credit proficere quoad curam animarum gerendam in rectoria quam alias in vicaria. Ecclesia eciam de Morby non est litigiosa nec pensionaria et taxatur ad duodecim marcas sterlingorum juxta verum valorem ejusdem. Persona vero ad ecclesiam de Morby presentata est liber et legitimus, vir bone vite et conversacionis honeste, prout asseritur a fidedignis. Que paternitati vestre reverende significo per presentes sigillo officii mei consignatas. Datum apud Morby v kalendas Octobris anno domini etc.

778

[p.476] Venerabili [as in no.670] officialis curie Eboracensis [salutem] cum reverencia et honore debitis tanto patri. Querelam Willelmi Fox de Ebor' grave recepimus continentem quod licet idem Willelmus Fox fuerit et sit civis civitatis Eboraci et multis retroactis temporibus continue publice degens in eadem dominique Eboracensis archiepiscopi insolidum subditus, salva sedis apostolice auctoritate, nec in civitate vel diocesi Karliolensibus contraxerit aut quasi deliquerit seu quasi laremve fovebat aut domicilium habeat, nec aliunde forum sorciatur in eadem, nullusque fuerit aut sit juris vel hominis majoris excommunicacionis sentencia involutus; vos tamen ecclesie Eboracensis metropolitice et archiepiscopi ejusdem suffraganeus, nullam in eundem Willelmum jurisdiccionem ordinariam habentes, excellentissimo principi domino nostro domino E[dwardo] dei gracia regi Anglie et Francie illustri ac ipsius regie majestati per litteras vestras publicas et patentes perperam et inique significastis et intimastis prefatum Willelmum Fox propter ipsius contumacias et offensas fuisse et esse per vos auctoritate ordinaria excommunicatum et publicatum et in hujusmodi excommunicacione per vos pretensa per xl dies et amplius perseverasse animo pertinaciter indurato, quarum intimacionis et publicacionis litterarum obtentu idem Willelmus in curia regali et coram justiciis domini nostri regis manifestam passus est repulsam, in ecclesie Eboracensis et archiepiscopi ejusdem loci metropolitani juris et jurisdiccionis necnon dicti Willelmi prejudicium et scandalum plurimorum exemplumque perniciosum, unde idem Willelmus ad nos accedens et nobis premissa exponens peciit humiliter de remedio oportuno sibi per nos in hac parte provideri. Nolentes igitur eidem in sua deesse justicia sicuti nec debemus, vobis cum ea reverencia qua debet mandamus firmiter injungentes quatinus, si est ita, quamcumque majoris excommunicacionis sentenciam in eundem W[illelmum] per vos latam et publicacionem ejusdem necnon litteras vestras per vos aut vestro nomine regie majestati in hac parte directas infra octo dies a tempore intimacionis presencium continue numerandos revocetis, et eidem Willelmo aut alteri nomine suo litteras hujusmodi facti revocatorias tradi faciatis; alioquin tenore presencium peremptorie vos citamus quod compareatis coram nobis vel commissariis nostris in majori ecclesia Eboracensi tercio die juridico proximo post festum Epiphanie domini proximo futurum per procuratorem in hac parte sufficienter instructum in hujusmodi querele negocio secundum ipsius‑qualitatem et naturam et dicte curie consuetudinem processuri facturi ulterius et recepturi quod fuerit justum. Vobis insuper intimamus quod nisi dictis die et loco vos de premissis sufficienter excusaveritis, extunc tollerari non poterit quin tam per venerabilem in Christo patrem dominum Eboracensem archiepiscopum Anglie primatem quam per nos occasione premissa contra vos procedatur quatenus poterit in forma juris. De die vero recepcionis presencium ac omni eo quid feceritis in premissis nos vel commissarium nostrum ad dictos diem et locum certificetis per vestras patentes litteras harum seriem continentes, scituri quod super porreccione presencium[1] vobis in eventu facienda latori earundem nuncio nostro in hac parte deputato et jurato plenam fidem volumus adhiberi. Datum Ebor' xv die mensis Decembris anno domini MCCCXLIIIJ°.

[1 Followed by *ac omni eo quod feceritis in premissis* (struck through).]

779

[p.477] Reverende discrecionis viro .. domino officiali curie Eboracensis vel ejus commissario cuicumque Johannes permissione etc. salutem et obedienciam debitam cum reverencia et honore. Litteras vestras xx die mensis Decembris ultimo preterito recepimus tenorem qui sequitur continentes etc.: Venerabili etc. Si igitur idem civis Eboraci in curia regali coram justicios domini nostri regis nostrarum litterarum obtentu manifestam ut premittitur passus est repulsam, hoc non nobis cum non eramus in aliquo particeps culpe hujusmodi, sed est dumtaxat ipsarum nostrarum litterarum abusoribus imputandum, quoniam cum nuper significassemus per nostras patentes litteras regie majestati quod quidem W[illemus] Fox dictus de Ebor' nostre jurisdiccionis subditus et infra nostram diocesim Karliolensem a multis retroactis temporibus et adhuc continue moram trahens, quem pro suis manifestis contumaciis et offensis majoris excommunicacionis sentencia auctoritate ordinaria excommunicari fecimus et pro sic excommunicato publice nunciari, per xl dies et amplius in dicta majoris excommunicacionis sentencia animo perstitisset indurato claves ecclesie nequiter contempnendo, regie nichilominus supplicantes excellencie quatinus ad cohercendum ipsius nostri subditi maliciam juxta consuetudinem regni dexteram sue dignaretur extendere majestatis, per quorundam ut accepimus fraudem et maliciam de quorum nominibus nondum sumus experti, satagencium ut speramus justificare imponi et opprimere innocentem id eidem civi Ebor' idem nomen cum dicto nostro subdito deferent et cognomen ad ipsius civis repulsionem. Revera propter nostram conscienciam in eadem curia extitit objectum, sed quia maliciis hominum est obviandum, quamcumque majoris excommunicacionis sentenciam et publicacionem seu nunciacionem ejusdem per nos aut nostra auctoritate taliter factas necnon litteras quascumque super hiis curie regis qualitercumque per nos directas, si et quatenus in prefati Willelmi Fox civis Eboraci tendunt prejudicium aut tendere poterint in futurum quomodolibet aut gravamen, salvis processibus per nos et nostra auctoritate contra dictum nostrum subditum rite et legitime ut premittitur factis et habitis, quos in suo vigore volumus firmiter permanere, infra tempus nobis per vos limitatum revocavimus ut mandastis cassavimus irritavimus et annullavimus ac nullius declaravimus subsistere firmitatis, eidem civi Eboraci super hoc nostras litteras conficientes in premissorum testimonium, quas cum non esset quisquam qui pro hiis penes nos hactenus instetisset discrecioni vestre reverende una cum presentibus intuendas mittimus dicto civi Eboraci extunc si libeat tradendas. Datum etc.

802

[p.474] RETURNUM EJUSDEM BREVIS. Scire veletis, quia marchia nostra est de guerra per inimicos Scocie, quod non est aliquis in partibus nostris qui audet admittere onus colligendi decimam triennalem in brevi nominatam, et ideo nos Johannes Karliolensis episcopus assumimus nobis illud onus et oneramus nos de colleccione decime predicte.

843 (Vol. II)

[p.507] PARVA DALSTON

Simon de Dalston tenet xvj bovatas terre et arrabit cum iiij^{or} carucis integris per tres dies, haiabit quod arrabiles metet cum viij hominibus per tres dies, falcabit cum duobus hominibus et cariabit quatuor plaustrata bladi, et habebit prandium semel in die. Et reddet pro cornagio v s. vj d., et pro victu forestar' vj s., et pro quodam equo pro firmis Baronie per annum cariandis London' v. s. Et faciet quartem partem stagni molendini cariagii molarum et maeremii. Postea redempta sunt omnia predicta pro xxj s. vj d. quamdiu domino placuerit preter opera stagni et domus molendini et cariagii molarum et maeremii.   Summa xxj s.
Willelmus Pynkeney tenet unam acram et dimidiam de veteri et reddet per annum xiij d.   Summa xiij d.
Willelmus de Walby tenet ij acras et dimidiam de terra predicti Willelmi et reddet xv d.   Summa xv d.
Mariota filia Johannis filii Stephani tenet unam acram et dimidiam de veteri et reddet ix d.   Summa ix d.
Adam de Skelton tenet vj acras et reddet per annum iij s. iij d.
                                          Summa iij s. iij d.
Johannes Spicer tenet unam acram terre et reddet per annum vj d.
                                          Summa vj d.

Willelmus de Panetria tenet Stewardfeld et Roulandfeld, et reddet per annum
x s.; et iij acras terre et reddet iij s. vj d.   Summa xiij s. vj d.
Robertus de Coquina tenet ij acras terre et reddet xx d.

                                                    Summa xx d.
Adam de Brounelstan tenet unam acram terre in Parva Dalston et reddet x d.

                                                    Summa x d.
*Thomas de Lenstok' pro j placia pro thorali, ij d.

                        Summa xliiij s. vj¹ d.
        *probata in festo sancti Michaelis anno domini etc. xxix.

*Thomas de Stokton tenet j mesuagium et viiij acras terre in Marjor'myr et
reddet per annum vj s.
*Johannes de Morpath tenet vj acras [et] dimidiam de veteri et reddet per
annum ij s. iij d.

[* Written in another hand.
¹ Written over cancelled *iiij*.]

INDEX OF PERSONS AND PLACES

References are to the numbers of entries, all in Vol.I except nos.842 and 843. For the last, the Rental, page numbers in Vol.II are added in brackets. There are a few cross-references to the Index of Subjects. Those names in the charter (no.226) omitted from the calendar but included in the text in Vol.II are indexed as '226 (Appendix)'. The Appendix is not otherwise indexed directly; notes with calendared entries that their texts appear in the Appendix make this unnecessary.

Most persons indexed are ordinands, shown here by addition to entry numbers of the initial letters of the holy orders in which they appear (see Vol.I, p.xiv). Similar references against religious houses indicate that they provided candidates with titles for their ordination; a bracketed number follows when more than one ordinand was thus sponsored. The index gives full identification of these houses, of which only the placenames appear in the calendar. Places from which ordinands came are also cited with initials of orders added to entry numbers. After the modern form of all placenames in the index are their spellings in the manuscript, followed by their pre-1974 counties.

A

A., Sir H. de, intestate, 643
A., J. de, excommunicate, 771
A., M. de, woman, 699
Abbathia, William de, 772A
Abbay. *See* Alwy
Abbotstone, Abboteston, Hants, rector of. *See* Askham, John
Abford. *See* Hakforth
Abirford, William de, 733S
Abyngdon, Thomas de, 531S
Acciaiuoli, society of, 571
Acketon. *See* Aketon
Ackkthorp, Acworth, Roger de, 733S
Acre, hospital of St. Thomas of, 63
Acton, John, official of court of York, 392*n*.
Acworth. *See* Ackkthorp
Adam, Adam son of, 843 (6)
 Alan son of, 843 (14)
 Richard son of, 843 (6)
 Robert son of, 226 (Appendix)
 Robert son of, 843 (9)
 Thomas son of, 843 (7)
 William son of, 843 (11)

Addingham, Adyngham, Cumb., church, 469, 842; vicar of. *See* Kyrkoswald, Thomas; vicarage, 59, 62, 713
Addyngburgh, Thomas de, 282A
 William de, 282A
Adkus, Atkus, William son of, of Wollaton, 733S
Aglianby, Agliunby, John de, 297
 John de, 783
Agnes, William son of, 843 (18)
Agyllym, William, 733P
Aikton, Aycton, Ayketon, Aykton, Cumb., 772P; church, 506, 842; rector of, 111, 134, 401–2, 715; rectors of medieties. *See* Halton, Robert; Salkeld, William; Spenser, Thomas
Ainstable, Aynstapellith, Aynstaplegh, Cumb., church, 842; vicar of, 137, 358
Ake, William de, 282P
Akering, Dykeryng, Robert de, 733D
Aketon, Acketon, Stephen de, 843 (8, 12)
Akly, Peter de, 265D

Robert de, 424A, 511S
Robert de, 511A
Fr. Thomas de, 265A, 555S,
640P
Thomas de, 640S, 656D, 660P
William de, clerk, 53
M. William de, rector of Gotham,
title, 100S
See also Brampton
Banbery, Bannebury, John de, vicar-
choral of Lincoln, 346S
Thomas de, 525P
Banbury, Bannebur', Oxon., 165, 346P
Bank', Bankes, Gilbert del, 843 (3, 5)
Thomas son of, 843 (3)
Henry del, 843 (9)
Hugh del, 843 (10)
Banseyne (in Cumdivock), Cumb., 843
(14)
Barbot, Thomas, 282S
Thomas, of Beckingham, 282S
Bardeseye, Berdesey, Adam s. Adam
de, 96D, 123P
Robert de, canon of Conishead,
511S, 555D, 570P
Bardi of Florence, merchants, 443
Bardney, Bardeney, Lincs., Ben.
abbey, 610
Bardwell, Berdewell, Suff., 531S
Baret, Gilbert, 843 (18)
John, of Blankney, 346S
Barewell, Richard s. Richard de, of
Branston, 346P
Robert de, 821P
Barkeborouth, Richard de, 282D
Barker, Bercarius, Bercher, William
the, 51
Ranulph le, 843 (15)
Barking, Berkyng, Essex, Ben.
nunnery, 531P
Barnburgh, Barneburgh, John de, 282A
William de, 282S
Barnby Moor, Barneby, Notts., 733S
Barnstone, Berniston, Notts., 733S
Barre, Laurence de la, DCnL, 20
Nicholas, 531S
Barri, Ralph, prior of Carlisle (1232–
48), 58
Barrow upon Trent, Barwe, Derbs., 39,
51
Barrowden(?), Bergh, Rutland, 525P
Barton, Westm., church, 326, 806, 842;
parish priest of, 122; rector of,
235–6, 370; vicars of. *See*

Elvyngton, William; Fenton,
John; Kyrkton, William
Barton, Edmund de, 511A
Gervase de, 282D
Fr. John de, 282S, 346D
Thomas s. Robert de, rector of
Kirklinton, 123A&S, 132–5, 142,
645; victualler at Carlisle, 549,
618–19, 736
William de, rector of Arncliffe, 359
Barton [in Fabis, Notts.?], 282S,D
Barton in Rydal, Henry de, 346D
Barton upon Humber, Lincs., 733S
Barwe, Henry de, 39, 51
William de, 39, 51
Basford, Baseford, Henry de, 282A
John de, 282A
Robert de, 282A
William de, 282S
Bassenthwaite, Beghokkirk in Allerdale,
Cumb., church, 27, 469, 842
Basset, William s. Henry, rector of
Toppesfield, 531S
Basyngfeld, John de, 282P
Bate, John, of Billingborough, 525D
Bateson, Thomas, of Brough under
Stainmore, 753
Baukwell, Thomas de, 531*n*.&D, 555D
Baumber, Baumburgh, Lincs., 346S
Baumburgh, Thomas de, king's clerk,
rector of Embleton, 359, 363
William de, rector of Little Gidding,
301P
Bayard, Henry, 843 (3, 8, 10)
Joan daughter of, 843 (4)
Bayn, Robert, of Colne Engaine, 531S
Baynyngton, John de, 733P
Beachamwell(?), Bekeswell, Norf.,
'house of', 531S
Beauchamp, Bello Campo, Ralph (*recte*
Roger?) de, 226 (Appendix)
Thomas, earl of Warwick (1329–69),
354
Beauchief, de Bello Capite, Derbs.,
Prem. abbey, 282S, 821S,D,P
Beaulieu, Hugh de, bishop of Carlisle
(1218–23), 54
Beaumond, Beaumound, Thomas de,
511A, 640S, 656D
William de, Alice widow of, 843
(11)
Beaumont, Beaumound, Cumb.,
church, 513–14, 842; churchyard,
622; rector of, 111, 113, 134,

Bromfield, Brounesfeld, Brounfeld, Brumfeld, Cumb., church, 475, 515, 842; rector of, 235–6, 257; vicar of, 716, *and see* Kyrkoswald, Roger; Oterington, William; Suthwerk, William; Whitelawe, Hugh

Bromleye, John s. William de, 821P

Broomhall, Bromhale, Berks., Ben. nunnery, 531P

Broomholm, Bromholm, Norf., Clun. priory, 346D

Brotyn, Robert, of Freckenham, 531S

Brough under Stainmore, Burgus sub *or* subtus Staynesmore, Westm., 74, 96D, 133, 819*n*., 831; church, 119, 753–4, 842; parish priest, Thomas, of, 753; rectors of. *See* Burgh, Hugh; Eglesfeld, Robert; Norwych, William; vicar of, 798

Brough Sowerby, Westm., 753–4

Brougham, Brouham, Browham, Westm., church, 842; rector of, 122, 326, 341, 798, 806; Thomas, 308

Broughton, Burghton, Yorks., hospital, 282S

Broughton, John de, 841A

Broumfeld. *See* Bromfeld

Broun, Broune, Adam, 772A
  John, 282P
  John, 555A
  John son of Henry, 843 (7)
  John s. William, of Dunham, 733S
  Richard, 123S, 231P; rector of Beaumont, 513–14
  William, title, 123S
  William, rector of Beaumont, 513
  William, 555S, 570D
  William, of Morley, 282D
  See also Brune

Broun Rogger, 843 (6)

Brounelstan, Adam del, 843 (6, 8)
  Richard de, 772A, 795S
  William de, 843 (17)

Brounolneshed, Brunnolnesheved, Roger de, kt., title, 97S

Brounthwait (in Cumdivock), Cumb., 843 (14)

Brounyng', Thomas, 843 (11)

Brudthwait. *See* Brunthwait

Bruera, M. Gilbert de, dean of St. Paul's, London, 532

Bruern, Bruer', Oxon., Cist. abbey, 525P

Brughton, Robert de, monk of Furness, 123A&S, 301D

Brumfeld. *See* Bromfeld

Brune, Maud, lady of Beaumont, 513
  Richard, title, 546S, 640S, 772P, 841S; lord of Drumburgh, 714–15
  Robert le, kt., 715; title, 231S

Bruneby, M. Roger de, 473

Brunne, Michael de, 531P
  Thomas de, of Pointon, 346D

Brunstock, Brunskaith, Cumb., 843 (18 *ter*, 19)

Brunthwait, Brudthwait, Hawis del, 843 (6)
  John del, 843 (6)
  William del, 843 (6)

Bruntoft', M. William de, rector of Elsdon and vicar of St. Nicholas', Newcastle, 260

Bruys, Robert. *See* Robert

Brydekyrk. *See* Bridekirk

Brygg', Nicholas atte, of Chislehampton, 346S

Bryscowk'. *See* Briskou

Brysebane. *See* Briseban

Bryswod, John, 424D

Bubwith, Bubwyth, Richard de, 733S

Buckabank, Bucothebank (in Dalston), Cumb., 843 (7–8)

Buckden, Bokden, Hunts., 818, 821

Buckenham, Bokenham, Norf., Aug. priory, 531P(5)

Buctrout. *See* Boctrout

Buggewell, M. Reynold de, clerk, 755

Bul, John, of Geddington, 531P

Bulbeyn, William, of Fotheringhay, 531S

Bullington, Bolyngton, Lincs., Gilb. priory, 346P; canon of. *See* Cotes, William

Bullok', Adam, 843 (19 *quater*)
  Richard, 843 (19 *bis*)

Bully, Robert, vicar of Aspatria, 162, 173

Bullyngbrok', John de, monk of Revesby, 152P

Bulmer, Essex, 531P

Bulwick, Bulwyk', Northants., rector of. *See* Crumwell, John

Bumpstead, Bunstede, Essex, 531S

Bunche, John, of Wimpole, 531P

Bungton, William de, 282D

Bunne, Peter, merchant of the Bardi, 443

Richard (*or* Robert) the, Robert heir of, 843 (9, 15)

Chapman, Simon s. Geoffrey, of Horncastle, familiar of Bishop Kirkby, 272P

Chaumber. *See* Chamber

Chaumberleyn, Ralph, 821P

Chaumpayn, John, of Dunholme, 346P

Chaundelier. *See* Chandler

Chauntrel, Richard, of Maldon, 531P

Chelaston, John de, 821S

Chelchehithe, Geoffrey, canon of Wells and Bridgnorth, 551

Chelmesford, John de, rector of Southoe, 271, 272D

Chelsea, Chelchuth, Colchuth, Midd., rector of. *See* Duraunt, John

Cheny, Thomas de, rector of Lasham, 531D

Cheryngton, John de, 531P

Chester-le-Street, Durham, collegiate church, prebendary of. *See* Percy, John

Chesterton, Cambs.(?), 821S; rector of. *See* Grene, Adam

Chestrefeld, Richard de, canon of Welbeck, 733D

Cheveley, Chevele, Cambs., 531D

Chichester, Sussex, bishop of. *See* Stratford, Robert
cathedral, 16

Child, John, 843 (13)
Robert, parish chaplain of Horncastle, 224

Childerley, Childerle, Cambs., 531P

Chilham, John de, 531P

Chilwell, Notts., 282S

Chilwell, John de, 282A
Ralph de, 282A
Richard de, 282A
Thomas de, 282A
William de, 282A(*bis*)

Chipet, Richard, 531D

Chipley, Chippeley, Suff., Aug. priory, 531S(3),D,P(3)

Chippeley, Richard s. William de, 531S

Chirchewaver, Roger s. Roger de, 821S

Chislehampton, Chiselhampton, Oxon., 346S

Chrishall, Crisshale, Essex, 531D

Christine, Adam s. Henry son of, 843 (15)

Chulmleigh, Chulmeleghe, Devon, 755

Church Gresley, Derbs., Aug. priory, 282S,P, 817S, 821S,D

Chyrden, Adam de, 123P

Cirston, William de, 282P

Cistre, M. Bernard de, canon of St. Hilary's, Poitiers, 378; archdeacon of Canterbury, papal collector, 645, 730
Fr. William de, 282A

Cîteaux, France, abbot and general chapter of, 115

Clarburgh, Claresburgh, Robert de, 282P
Roger de, 282D

Clare, Walter de, of London, *alias* W. de London, 346D, 425P

Clarendon, Wilts., 126, 734

Claresburgh. *See* Clarburgh

Clarice, Robert, 772A
Roger son of, 843 (17)

Clauso. *See* Close

Claver, Robert, of Rempstone, 733S
Roger, of Newton Solney, 821S

Claworth, Clawurth, John de, canon of Warter, vicar of Askham, 829–30
Fr. William de, 282D

Claxton, Robert de, 843 (21)

Cleby, Geoffrey de, 282S, 301D

Clec', William s. Richard le, of Westwick, 531D

Clement VI, pope (1342–52), 754, 813

Cleppham, Fr. John de, 733S

Clerk, Clericus, Clark, Clerc', Adam s. Lambert, 531P
Alexander the, of Lanercost, *alias* A. de Lanerkost, 97A, 301S, 424P
Alexander the, of Penrith, 425A
Henry the, 843 (16, 17)
John, of Wilberfoss, 733S
John s. Alan the, of Carlisle, 231S, 265D, 301P
John s. John, of Thorpe Bassett, 733D
John s. Robert the, 231S
John s. Thomas, of Kirkbampton, *alias* J. s. T. de Bampton, 97S, 100D, 123P, 624
Robert the, 843 (21)
Robert the, of Kirkby Stephen, *alias* R. de Kyrkebystephan, 263S, 268D, 301P
Robert the, of Long Marton, 841A
Robert s. Thomas the, of Long Marton, deacon, 47

Roger the, of Skelton, *alias* R. de
 Skelton, 555S, 570D, 656P
Roger s. William the, of Kirkby
 Lonsdale, 733S, 772P
Thomas the, 843 (14, 19)
Thomas, of Burton, 733S
Thomas, of Yarm, 733S
Thomas s. William the, of Gilcrux,
 100P
Walter the, 226 (Appendix)
William s. Alexander le, of Pockling-
 ton, 282P
William s. John, of Freiston, 346D
William s. John the, of Newton
 Arlosh, 772P, 800D
Cleter, Robert de, title, 96D
Cleveland, Yorks., archdeaconry of,
 638(iv)
Clevil, Edmund de, 531D
Cliburn, Cliborn, Westm., 485;
 church, 842; rector of. *See* Ross,
 Henry
Cliffe, Rupe, Kent, 531S
Cliffe, Henry de, monk of Sawley,
 733D
Clifford, Clyfford, Joan de, 843 (22)
 Robert de, kt., patron, 119, 190,
 299
  Robert, heir of, 815, 831
 Roger de, rector of Kirkby Thore,
 308, 664
Clifton, Clyfton, Westm., church, 842;
 rectors of, *see* Penreth, Gregory;
 Ribton, William
Clipston, William s. Ralph de, 733S
Close, Clauso, Nicholas de, priest, 463
Clottes, William de, 733D
Cloune, Fr. William de, I.xiv, 346D
Clowne, Clowe, Derbs., 821S
Clumber', Gilbert le, 843 (9)
Clyburn, Robert de, 484–5
Clyderou, John de, 282S
Clyfton, John de, 282A
 John de, rector of Laughton, 346D
 Laurence de, 282A
 Robert de, 282A
 Roger de, 282A
 Fr. William de, 346P
Cnokdentwald (in Caldecotes, Cumb.),
 843 (16)
Cobbler, Sutor, Alan the, 843 (19)
 John s. John the, of Bolsover, 821S
 Thomas the, Sarot' daughter of, 843
 (6)

Cobham, Kent, 531S
Cobham, Alan de, 531P
Cocus. *See* Cook
Cogge, John, subdeacon, 81
Cok'. *See* Cook
Cokermuth, Kokurmuth, Guy de,
 OFM, 123D
 John de, 546S, 555D, 570P
 John de, 555P
Cokton, John de, yeoman of Bishop
 Ross, 36–7
Colby, Colleby, Westm., 570S, 660S
Colby, Thomas de, 96A
 Thomas de, canon of Carlisle, 570S,
 640D, 656P
Colcestr', Henry de, notary, 115
Colchester, Colcestr', Essex, 531D,P;
 St. Botulph's (Aug. priory),
 531S(3),D,P(2); St. John's (Ben.
 abbey), 531S
Cole, Emma, 843 (13)
Coli, Adam son-in-law of Juliana, 843
 (22)
 Gilbert, 843 (22)
Collan, John, miller, 843 (19)
 John, of Walby, 843 (19)
Colle, Adam, of Shipdham, 531D
 John, 733S
Colne Engaine, Coln' Engayne, Essex,
 531S
Colston, Hugh de, of Eaton Hastings,
 531D
 John de, 282A
 William de, 282A
Colt, Geoffrey s. Thomas, of Riston,
 531D
 John, of Warcop, clerk, 38
 William s. Thomas, of Riston, 531D
Colton, John s. William de, 531D
Colwyk, Fr. John de, 733S
 Fr. Robert de, 282P
Combermere, Chesh., Cist. abbey,
 733S
Comdowok, John s. Ralph, 843 (14)
Concoreto, M. Itier de, canon of
 Salisbury, papal collector, 194,
 638(iv)
Conishead, Connyngesheved, Lancs.,
 Aug. priory, 282D, 437; canons
 of. *See* Appelby, Thomas;
 Bardesey, Robert; Kendale,
 John; Levenes, William; Uler-
 ston, Thomas; Wessyngton,
 Richard

ordinations by Bishop Kirkby
in, 179, 231, 268, 369, 546
prior of, 27–8, 59, 62, 814
Dyer, Tinctor, Richard s. William, of
Rotherham, 282P
Simon, of Kirkby Stephen, title,
841S
Thomas s. Michael (*or* William) of
Carlisle, 96S, 97D, 100P
See also Taynterel
Dykeryng. *See* Akering
Dystyngton, John de, 96D, 97P

E

E., O. de, of Stanwix, 654
Earls Colne, Coln, Cone, Essex, Ben.
priory, 531S,D,P
Easby, St. Agatha's, Yorks., Prem.
abbey, 733S(2),P
East Bilney, Estbylney, Norf., rector of.
See Markaunt, Robert
East Dereham, Estderham, Norf., 531S
East Harling, Estherlyng', Norf., 531D
Easton, Eston, (in Arthuret) Cumb.,
589; church, 842; rector of 441,
506, *and see* Berewyk, R.;
Ormesby, William; Wrangham,
Thomas
Easton Hastings, Eton Hastyng',
Oxon., 531D
Eboraco, Ebor', John de, 301D
Richard de, monk of Holm Cul-
tram, 97A&S, 301D
Walter de, sacrist of Carlisle cath-
edral, 79
Eccleshall, Staffs., 269
Eddeston, William de, canon of
Hexham, 301P
Eddyngleye, John de, 282P
Ede, William s. William, 843 (15)
Edenene, William, of Kirton, 346S
Edenhal, Edenhale, John de, 555S,
570D
Robert de, 656S, 660D
William de, rector of mediety of
Kirkbampton, 744
Edenhall, Edenhale, Cumb., church,
842; vicar of, 370, *and see* Warth-
ecop, Adam
Edenstowe, Henry de, canon of
Lincoln, rector of Swineshead, 46
Ediff, Edyff', William s. Thomas, of
Fridaythorpe, 733S

Edinburgh, Edunburgh, castle, 423;
Holyrood Abbey, 123P
Edith Weston, Ediweston, Rutland,
531S
Edlington, Lincs., vicar of, Robert, 216
Edlyngton, Fr. John de, 346D
Edmund, Henry, of Bale, 531P
Edwalton, John de, 282A
Edward I, king (1272–1307), 17, 49,
50, 70, 244
Edward II, king (1307–27), 111, 132,
638(ii), 828
Edward III, king (1327–77), chancellors
of. *See* Bury, Richard; Parvyng,
Robert; Stratford, John
clerks of, 729; *and see* Baumburgh,
Thomas; Eglesfeld, Robert; Flete,
John; Gayneford, John;
Goldyngton, Thomas; Mare,
Philip; Penreth, John; Pok-
elyngton, John
confirms bishop's liberty, 160
council of, 17, 29, 49, 413, 561, 726
bishop called to, 672
falcons, keeper of, 73
impositions by, 430
letters to pope for bishop, 147,
241–3
negotiations with France, 29
orders bishop defend march, 629,
690
petitions of bishop to, 244, 434
presentations by, 9, 54, 103, 110–
11, 113, 116, 128–32, 135, 357–
8, 815–16
privy seal letters, 29, 203, 726
about military service, 354,
413, 417, 423, 756
steward of household of. *See* Darcy,
John
treasurers of. *See* Aylston, Robert;
Zouche, William
wars, in France, 547, 756; in
Scotland, 241, 629*n.*, *and see*
Scotland
writs about military service, 398, 412
See also Index of Subjects *for*
Alien incumbents; Chancery;
Convocations; Councils; Distraint
of clergy; Election of bishop;
Exchequer; Justices; Mortmain;
Nuncios; Parliaments; Pensions;
Prayers; Provisors; Sequestration;
Taxation; Visitation; Writs

Gympe. *See* Guipe

Gysburn, Gyseburwe. *See* Gisburn

H

Habraham, Henry, of Luddington in the Brook, 531P

Hadenham, John de, monk of Belvoir, 152S

Hadleigh, Hatteley, Essex, rector of. *See* Fleming, Alexander

Hagh, Haghe, John de, 531D
Richard atte, rector of North Runcton, 531P

Hagnaby, Hagenby, Haunby, Lincs., Prem. abbey, 346S, 525D

Hakeney, Adam, 531P
Adam, of Colchester, 531D

Hakenshow, Roger de, 282S

Haket, John, 531S

Hakforth, *alias* Abford, Alford, John de, 546D

Hakthorp, Hakethorp, M. John de, notary, 196, 249, 593; bishop's registrar(?), 262; *as* John s. Thomas, 804; *as* John s. Robert, 808
John s. Henry de, 772S, 795D

Hale (Great?), Lincs., 346P

Hale, Hal', John de, of Kirkby Thore, 625–6, 740
Richard de, of Kirkby Thore, 625–6, 740
Robert s. John de, of Kirkby Thore. *See* Kirkby
Thomas del, of Kirkby Thore, 740
William s. Mauger de, 525D

Halghton. *See* Halton

Hall, Halle, Aula, Emma de, 101
John s. William atte, of Staines, 531S
Richard de, 843 (9)
Roger de, 843 (20)
Roger s. Henry atte, 531P
Walter s. Richard ad, of Baumber, 346S

Halman, Halleman, John, 843 (9 *ter*)
John s. John, 301P
Richard, 843 (9, 10*n*.)
William, 843 (9 *bis*)

Haltemprice, Yorks., Aug. priory, canons of. *See* Hicling, Robert; Schenlay, Richard

Haltham, Holtham, Lincs., rector of, M. John, 216

Halton, Halghton, Halughton, Haulton, John de, bishop of Carlisle (1292–1324), 113, 216, 240, 244, 464, 828; assessment by, 432, 638; register of, 95, 189
Richard de, 93, 117, 125
Robert de, rector of a mediety of Aikton, 321, 505–6
M. Thomas de, vicar-general, 276
William s. Robert de, 733P

Hameringham, Hameryngham, Lincs, rector of, Walter, 765

Hamund, Geoffrey son of, of Brough under Stainmore, 753
John, *alias* John s. Hamo of Castle Sowerby, 96D, 97P

Hanand. *See* Anand

Hand, Henry, vicar of Dalston, 679

Hanketinus (Anketin), Richard son of, 226 (Appendix)

Hanlaby, Nicholas, OFM, 800D

Hanley, Worcs., 129

Hannington, Anyngton, Hants., rector of. *See* Guynaldi, William

Harborough, Harbergh, Leics., 818S

Harcla, Fr. Andrew de, 425S
Henry s. John de, alleged bastard, 93, 117, 125
Sarah de, 343

Hardegill, John de, senior, 590

Hardy, Harde, Hurdy, Adam s. Thomas, of Alvaston, 817S, 818D
Walter, of Misterton, 282D(*bis*?)

Hare, Agnes widow of William, of Dearham, 565
William, priest, 783

Harlaston, Nicholas de, 332

Harpam, Fr. Peter de, 282P

Harper, Hugh le, 843 (16)

Harrington, Cumb.(?), rector of. *See* Newton, John

Hart, Hert', Durham, 190

Harwich, Essex, 527

Harwood, Harewod, Yorks., 733P

Haryngton, Haverington, Alice wife of Michael de, 843 (16)
Henry de, title, 96S, 97D
John de, 310; title, 800P
John de, attorney, 58, 115
John de, of Thrimby, title, 97S, 841P

Langheved, William, of [Saffron?]
    Walden, 531P
Langholm, John de, the bishop's dom-
    estic, 841A
Langley, Langeleye, Leics., Ben.
    nunnery, 282S,P, 346D, 546S,
    733P, 817D, 818P
Langriddinges (in Little Raughton),
    Cumb., 843 (16)
Langryk', John de, 841S
Langsdale, William de, 841A
Langtoft, Langetoft, Yorks., vicar of.
    See Langdale, Richard
Langton, Westm., 831
Langtree, Langetre, Devon, rector of.
    See Greystok, Henry
Langwathby, Cumb., chapel, 469
Langwathby, Gilbert de, 425A
    Thomas s. William de, 425A, 511S,
    546D, 555P
Lanzston, John de, 282P
Laon, Landavinen', France, canon of.
    See Aste, Roland
Lapley, Staffs., Ben. cell, 282P
Lasford, Robert de, 282S
Lasham, Hants., rector of. *See* Cheny,
    Thomas
Latbury, Robert de, title, 818S
Laton, Fr. William de, 231D
Latton, Essex, Aug. priory, 531S,D
Laude, Oldradus de, advocate at Curia,
    147-8
Laughton, Lincs. *or* Leics., rector of.
    See Clyfton, John
Laun', William de, OP, 733P
Launde, Landa, Leics., Aug. priory,
    356, 364, 366, 525P
Launde, Robert de la, 843 (3)
Laurence, Geoffrey s. Roger, of West
    Walton, 531D
    John s. William, 733S
    Richard, of Stratton, 531P
    Tyok' son of, 843 (5)
Lavenham, Suff., 531S
Laxton, Notts., 282P
Layaldoun, William, 301A
Layburn, Layborn, Laybourn, Robert
    de, kt., 336, 343
        Robert son of, 336, 343
    Robert de, title, 555S
    Walter de, 282D
Lazonby, Leysingby, Cumb., church,
    842; vicar of. *See* Ottele, Adam
Leccheworth, John de, 282S(*bis*)

Leche, John, 843 (22)
Lechlade, Lechelade, Glos., hospital,
    531D(2),P(3)
Leeds, Ledes, Kent, 531D(3),P(3)
Ledes, Alexander de, title, 772S
Leek, Leyk, Adam de, 282S
    Alan de, canon of Lanercost, 96P
    John de, 282D
    Nicholas de, monk of Spalding, 346P
Leessham. *See* Levesham
Leicester, 638(iv)
    archdeacon of, official of, 165
    hospital of St. John, 346P
    'house' of, 800P
    St. Mary de Pratis, Aug. abbey,
    canons of. *See* Derby, William;
    London, Hugh
Leicestr', Leycestre, Roger de, canon of
    Shelford, 733S
    Thomas de, commissary of Bishop
    Ireton's official, 471
Leget, Mariot, 843 (8)
Leigh, Leghe, Staffs., rector of. *See*
    Holand, John
Leighlin, Lechlyn, Ireland, bishop of,
    Ralph, 838
Leighs, Leghes, Essex, 531S(2)
Leighton Buzzard, Beds., 419
Leiston, Leystone, Suff., Prem. abbey,
    531S
Lekwlf', Lenelof', 843 (18, 21)
Lemyng', Roger de, chaplain, 754
Lene, John s. Stephen, 733P
Lenechild, William, miller, 843 (3)
Lenelof'. *See* Lekwlf'
Lengleys, Lenglays, Alice wife of
    Thomas, widow of Walter de
    Kirkbride, 560, 669-71, 674-5
    Isabel wife of William, of Appleby,
    161
    John, 843 (6)
    Robert, clerk, 484-5, 488
    Thomas, kt., 560, 667, 669-71,
    674-5; title, 265S, 301P
    William, 670 *n.*
Lenstok', Lynstok', John de, 843 (20)
    Thomas de, 843 (6)
Lenton, Fr. Dominic de, 282P
    Fr. Peter de, 282D
Leonard, John, of Melbourne, 821A
Leper, Hugh, 843 (19)
Lepyngton, Ralph de, rector of
    Glaston, 356-9, 363-7; rector of
    Arthuret, 356-9, 645

M

M., Master S. de, clerk, 639

Mablethorpe, Malberthorp, Lincs., 531D

Macellarius. *See* Butcher

Maddeley, Fr. John de, 152A

Magna Stepyng', Walter de, 346P

Maheu, Richard, of Henny, 531S

Maiden Bradley, Maydenbradele, Wilts., Aug. priory, 531S

Maidenstan, John s. Adam de, 531S

Maidwell, Maydewell, Northants., 821P

Malberthorp, John de, 282P

Maldon, Malden, Essex, 531P

Malet, John, of Bolton, 282D
  Richard, of Mablethorpe, 531D

Malkyn, William s. Richard, of Waterfall, 834D

Malmesbury, Malmesbyri, Wilts., Ben. abbey, 531P

Maltby, Malteby, Yorks., rector of. *See* Wateby, John

Malton, Yorks., Gilb. priory, 282S

Malton, Ralph de, rector of Great Scotton, 10; rector of Long Marton, 10, 35, 45, 85, 139, 194; rector of Medbourne, 194

Manne, Thomas, provisor, 531P

Mannyng, John, of Santon [Downham?], 531D

Mannyngton, John s. Edmund de, 531P

Mansel, Roger, 843 (20)

Mansergh, John de, rector of Brightwalton and Melmerby, 722–5

Mapilton, William de, 282S

Maplestead, Mapelstrefted, Essex, 531P

Mar. *See* Mare

Marchal. *See* Marshal

Marcumhalneacre (in Cumdivock), Cumb., 843 (15)

Mare, Mar, Fr. John de la, 282P
  John s. Ingram de, 733S
  Philip de la, of Weston, king's clerk, 118
  Robert del, 733S
  Fr. Walter del, 282A

Mareham on the Hill, Marum, Lincs., rector of, John, 216

Marescallus, Mareschal. *See* Marshal

Marew, Henry, of Deopham, 531P

Margareterochyng', William de, 531S

Marini, Nicholas, merchant of the Bardi, 443

Marjor'myr (in Dalston), Cumb., 843 (6)

Markaunt, Robert, rector of East Bilney, 531P

Markby, Markeby, Lincs., Aug. priory, 346D; canons of. *See* Toures, Eudes; Tylney, John

Markeaton, Marketon, Derbs., 282S, 821S, 834D

Markham, Notts., 733S

Markham, Robert de, monk of Rufford, 733S
  William de, canon of Worksop, 733S

Markyate, Herts., Ben. nunnery, 531S

Markynton, William s. Walter de, 821A

Marshal, the earl. *See* Thomas

Marshal, Marescal, Marescallus, Mareschal, Adam s. Alan le, of Crimplesham, 531S
  Alan the, 843 (10)
  John, of Ashby, 346D
  John, of Meaburn, 640A, 656S, 660D
  John, domestic of Bishop Kirkby, 841S
  John, of Penrith, 841D
  John, of Wakefield, 282S
  Ralph, 733S
  Robert le, 282A
  Stephen, rector of Scaleby, 686–6, 688, 696
  Thomas, of Lindfield, 531P
  William, of Wirksworth, 821S, 834D

Martenay, Robert, 282A

Martin, Marton, Lincs., vicar of, Walter, 216; William, 765

Martinsthorpe, Martinesthorp, Rutland, rector of, Richard, 366

Marton. *See* Long Marton

Marton, John de, 640A, 656S, 660D, 701P
  Fr. John de, 301P
  John de, 841A
  Matthew de, 841A
  See also Merton

Martyn, Stephen, of Hull, notary, 551

Marum, Simon s. John de, notary, 475

Masc', John son of, clerk, 82

Mascoun, Laurence s. William, of Cheveley, 531D

Mattersey, Mathersay, Notts., Gilb. priory, 282S(2), 733P

John de, 841A
Peter de, kt., justice, 22
William de, 301D
Mikilgill (in Penrith), Cumb., 843 (22)
Mill, de molendino, Richard, 843 (18)
Miller, Molendinarius, Thomas the,
    Joan daughter of, 843 (4); *and see*
    Hudson, Thomas
Milnebek, John de, 841A
Milton, Midelton, Cambs., 531P
Milton, William de, 817S
Milton Ernest(?), Middelton, Beds., 531S
Minting, Moyntyng', Myntyng, Lincs.,
    Ben. cell, 282S, 346S,D(2), 531P,
    821D; monk of, *see* Sarzoles, John
Minworth, Robert de, rector of
    Methley, 531P
Missenden, Messendon, Bucks., 531S
Misson, Misne, Notts., 733S
Misterton, Misperton, Notts., 282D(2)
Misterton, Mistirton, Misperton, John
    de, rector of Kirkbride, 702-4,
    716, 820
    Laurence de, monk of Kirkstead,
    152D
    Richard de, 282D
    William de, 282D
Modi, Mody, Adam, of Kneesall, 733S
Moffet, Adam, 843 (15)
Moigne, John, of Carlton, 282A
Moises, Roger, of Harwood, 733P
Molendino, de. *See* Mill
Montague, William de, earl of
    Salisbury (1337-44), 413, 419,
    423, 426-7
Monte, Richard de, rector of
    Kirkoswald, 826
Montpellier, Montepessil', France,
    university, 16
Moorby, Moreby, Lincs., 763, 765;
    rectors of, *see* Gynel, William;
    Kyrkoswald, Roger; Whitelawe,
    Hugh
Mora. *See* More
Morcott, Morcote, Leics., rector of. *See*
    Sancto Lacio, Simon
Mordak', John de, vicar-choral of
    Lincoln, 346D
More, Mora, Hugh de la, of Carlton,
    531D
    John de, 843 (9, 15)
    John son of, 843 (9, 15)
Morelle, William s. Stephen, of
    Scropton, 821S

Moresby, Moriceby, Hugh de, kt., 796,
    798; title, 96D; escheator of
    Westmorland, 831
    John de, 625
Morland, Westm., 311, 841P; church,
    425, 475, 842; vicar of, 249, 326,
    341, 806; *and see* Appelby, Henry;
    Boyvill, Robert; Havingdon,
    Richard
Morland, Morlound, John de, 96A,
    97s, 100D
    John de, rector of Long Marton,
    190-1, 195, 299, 316, 700
    John de, chaplain, 831
    John de, 772A
    Lambert de, canon of Shap, 570A,
    792S, 795D
    Robert de, deacon, 25
Morley, Derbs.(?), 282D
Morpath, John de, 843 (6)
Morpeth, Northumb., rector of. *See*
    Hastings, John
Morthwait, Adam del, 843 (13)
    Robert del, 843 (12)
Morton (in Caldecotes), Cumb, 843 (16
    ter)
Morton, Geoffrey de, 282S
    John s. Thomas de, 733S
    Robert de, 282D
    Thomas s. William de, 97S, 100D
    Fr. William de, 346S
Morville, Hugh de, kt., 226
Moseleye, Musle, Roger de, of
    Waterfall, 821S, 834D
Moser, Thomas de, 843 (21)
Moston, Henry s. Henry de, 821S
Moubray, Alexander de, kt., lord of
    Bolton, 651-2
    M. William de, 475
Moulton, Multon, Kent, 531S
Mounby. *See* Mumby
Mulcastre, John son of Richard de,
    589
    Robert de, clerk, 48
Mumby, Mounby, Alban s. Walter s.
    Simon de, 834P
    Eudes de, 282P
    John de, minister in Lincoln cath-
    edral, 151P
Mungo Croft, Mungowcroft, Cumb.,
    843 (3)
Muro, Fr. John de, 570S
Musgrave, Westm., 231S; *and see* Great
    Musgrave

Thresk, John Johannis de, of York, notary, 248–9, 252, 297, 593; (as M. John) clerk of abbot of St. Mary's, 420

Thrillekeld. *See* Threlkeld

Thrimby, Thyrnby, Thurganeby, Westm., 97S, 841P

Thrybergh, Thriberouth, Tribergh, Yorks., rector of. *See* Reresby, Robert

Thurgarton, Notts., Aug. priory, 282S,D,P, 733S, 821D

Thurgarton, Thurgertoun, Alexander de, 733P
  Robert de, 282P

Thursby, Thoresby, Thorsby, Cumb., church, 842; mill, 843 (10); rector of, 111, 113, 134, 401–2, 506, 715; *and see* Boyvill, Robert

Thurstonfield, Cumb., 226

Thurverton, Tyverinton, William de, 733S

Thwaytes, William de, OP, of Carlisle, 123A,S, 236D

Thwynham. *See* Twynham

Thyrun, Hugh de, canon of Carlisle, 263S

Tibay, Tybay, Robert de, citizen of Carlisle, title, 96S, 97D, 231D, 546S, 570S, 640S, 656S, 701S, 772D

Tibthorpe, Yorks., 795S

Tichemersh, Richard de, 531P

Tickhill, Tikhull, Yorks., 282S, 733S

Tikhill, Tykhull, Tyskhill, John de, canon of Welbeck, 733D
  Simon de, 282A
  William de, 282P

Tilliol, Tylliol, Tyllyol, Peter de, kt., 96S, 132–5, 332–3, 828, 843 (18)
  Roger, rector of Winestead, 531D

Tinctor'. *See* Dyer

Tilty, Tilteya, Essex, Cist. abbey, 531S,D,P(4)

Tinwell, Tynwell, Hunts., 366; rector of, Henry, 366

Tiptree, Tiptre, Essex, Aug. priory, 531S(2),D(2),P(2)

Tod, Hugh, 843 (19)
  William s. Henry, 843 (14)

Todyngdon, William s. Peter de, 531P

Toglad. *See* Godlad

Toke, John, vicar of St. Michael's, Appleby, 645, 777

Tonbridge, Tunbrigg', Kent, Aug. priory, 531P

Toppesfield, Toppesfeld, Essex, rector of. *See* Basset, William

Toppyng, Typping, William, 843 (12 *bis*)

Torald, Roger, of North Clifton, 282S

Torkard, John, of Newark, 282P

Torksey, Torkeseye, Tykesey, Lincs., Aug. priory, 282S(3),D(3), P, 346P, 733S,P

Torpenhow, Torpennow, Cumb., church, 662, 842; rector of, 235–6; vicar of, 716; *and see* Horncastre, Alan; Whytefeld, Thomas

Tortington, Tortyngton, Sussex, Aug. priory, 346D

Touk, Robert, kt., 51

Toures, Eudes de, canon of Markby, 152S

Toverton, Geoffrey de, canon of Carlisle, 64–5

Toveton, Richard de, 282A

Towthorp, John de, 733S

Toynton, Lincs., 821P

Trente, John s. Adam de, of Walkeringham, 282D

Trentham, Staffs., Aug. priory, 821S

Treton, William de, 733S

Troghquer, John de, 843 (5)

Trowell, Trouwell, Notts., 733S

Trowell, John de, 282S

Trufthorp, Gilbert de, 282P

Trunch, Trunche, Norf., rector of. *See* Bigot, Ralph

Truston, Robert de, 531D

Tule, William, of Kirkland, 196

Tult, Margaret, 843 (19)

Tunstall, Hugh s. Hugh de, *alias* de Bisshopeston, notary, 473–4, 515

Tupholme, Lincs., Prem. abbey, 346S(2), 525P; abbot of, 609; canons of. *See* Altoft, John; Belesby, John

Turnour, Hugh, 733S

Tutfyn, Tutefyn, John, of Woodhouse, 733S

Tuttebury, Thomas, canon of Lanercost, 835

Tuxford, Notts., 645, 733S

Tweedmouth, Northumb., 139

Twyford, Robert s. Geoffrey de, 265D
  M. William de, clerk of Bishop Ross, 90

INDEX OF SUBJECTS

References are again to entry numbers in Vol.I, excepting nos. 842 and 843 in this volume. Cross-references to persons and places are to those names in the preceding index. Occupations appear there as surnames.

A

Absence of clergy licenced, 8, 40, 170–2, 294, 316–17, 453, 496, 501, 601, 661, 687, 700, 705, 757
  during litigation, 312
  during service, 299, 820
  to attend *studium*, 8*n*., 45, 142, 287, 300, 628, 735, 763
  to stay at Curia, 495
  with dispensation from synods, 751
  with obligations listed, 810
  unlicenced, monition to reside, 481
  See also Non-residence
Absolution, from charges of concubinage, 101, 334
  of purged clerk, 485
  See also Excommunication
Advowsons. *See* Patronage
Alien incumbents, writs of enquiry about, 203, 516, 825–6
Alms, collectors of, 63
Altarage of chapel, 463
Altars, portable, 186, 534
Apparitor. *See* Index of Persons and Places
Appeals, to court of Canterbury, 576–8, 582, 607
  to court of York, 315, 321, 347, 395
  See also Audience; Curia
Appropriation of churches, confirmed, 54
  executed, 159, 176, 196, 302–11, 754, 813
  obedience for, causes about, 257–9
  proposed, 240–3, 712
  proved, 304, 504, 563
  questioned. *See* Carlisle, prior and chapter; York, St. Mary's
Archdeacon. *See* Carlisle

Audience of bishop, appeals to, 510, 541
  causes in, 250, 420, 565, 605, 669–71, 672–5, 682
Augustinian Order, statutes for, 677
  serving vicarages, 713

B

Bastardy, writs alleging, 93, 117, 125, 336, 343, 576–8, 589–91
Blessing of abbots, 517–18, 609
Bondage, 843 (3)
Books, legal, 746; service, 79; called *Journal*, 678
Building material, stolen, 668
Burials in church, 622

C

Cardinals. *See* Gaucelin; James; Peter; *also* Nuncios *below*
Certificates of good character of clergy, 229, 372, 562
  called letters 'conversacionis', 300, 567, 716
Chamber of bishop, livery in, 392
Chancery of king, 17, 49, 50, 183*n*.
  debt in, 10, 35, 85, 139
Chantries, 226; *and see* Holm Cultram; Melbourne; Wigton
Charters, early 13th century, recorded, 226, 759
Coadjutors of infirm incumbents, 394, 603, 664
Collations to benefices, 19, 42, 143, 172, 188, 267, 302, 568, 688, 696, 770
  by lapse, 458, 475, 741
  See also Presentations
Collegiate church, ordinance for, 712
Common law courts, reject excommunicate, 778–80